Organiser son temps
Une approche chrétienne

Titre original : *Time Management. A Catholic Approach and Workbook*

Published by Pauline Books and Media,
50 St Paul's Avenue, Boston, MA 02130.

Traduit de l'anglais par Cécile Logeart

*

Ce livre vous a plu,
vous pouvez, sur notre site internet :
donner votre avis
vous inscrire pour recevoir notre lettre mensuelle d'information
consulter notre catalogue complet, la présentation des auteurs,
la revue de presse, le programme des conférences
et événements à venir ou encore feuilleter des extraits de livres :
www.editions-beatitudes.fr

*

ISBN 978-2-84024-399-1

Société des Œuvres Communautaires, avril 2011
Conception de la couverture : mc-design – Martin Casteres
Photo de couverture : sablier en macro @ istockphoto-travelling light
Les citations bibliques de cet ouvrage sont tirées, sauf mention
contraire, de la Bible de Jérusalem. Est également citée la traduction
française du Catéchisme de l'Église Catholique, aux éditions
Centurion/Cerf/Fleurus-Mame/Librairie éditrice vaticane, Paris, 1998.

Marshall J. COOK

ORGANISER SON TEMPS

Une approche chrétienne

Éditions des Béatitudes

Introduction

L'habitude de se dépêcher

Jack Lalanne, pionnier de la course à la forme et au bien-être, animait régulièrement une émission télévisée aux États-Unis de 1951 à 1985. Il y prêchait les bienfaits de l'exercice physique et d'une saine alimentation.

Chaque année à son anniversaire, cet Américain accomplissait quelque tour de force incroyable destiné à démontrer l'efficacité de sa méthode. Le jour de ses soixante-dix ans, il prit un câble de remorquage entre les dents avant de plonger dans les eaux de la baie de San Francisco – c'était la fin de l'été – tirant derrière lui soixante-dix barques transportant soixante-dix personnes, le tout pieds et poings liés !

Est-ce ainsi que vous vous sentez au quotidien ? Vous tirez trop de barques chargées de trop de poids morts ; vous êtes pieds et poings liés ; et si vous vous relâchez ne serait-ce qu'un instant, vous vous noyez. Vous nagez aussi vite que vous le pouvez dès votre lever jusqu'au moment où vous vous écroulerez enfin dans votre lit, épuisé mais incapable de vous endormir, tant vous savez que dans quelques heures seulement le réveil sonnera pour remettre en branle toute cette folie.

C'est peut-être tout simplement parce que vous tirez trop de barques à la fois. Aux exigences professionnelles et familiales, vous avez ajouté vos engagements sociaux et ecclésiaux. Toutes ces choses à faire sur votre liste sont du temps et de l'énergie bien employés, mais mises bout à bout, elles vous laissent épuisé, frustré, et rongé par un cuisant sentiment d'échec.

Même lorsque vous n'êtes pas tenu par une urgence, l'habitude de vous dépêcher fait que vous ne cessez de courir du lever du soleil jusque bien après son coucher.

Si vous vous reconnaissez dans cette description, peut-être une approche de la gestion du temps fondée sur les valeurs chrétiennes pourra-t-elle vous être utile.

Dieu en poche

Si vous trouvez qu'à notre époque le temps passe trop vite, estimez-vous heureux de ne pas avoir vécu en 1752 en Angleterre, au moment de l'adoption du calendrier grégorien. Pour tout faire entrer en une année, il ne fallait rien moins que retirer onze jours. Les gens se couchèrent au soir du 2 septembre et se réveillèrent le lendemain 14 septembre (si j'avais vécu à cette époque, cela m'aurait volé mon anniversaire, destin que connaissent bien tous ceux qui sont nés un 29 février).

Cependant les gens d'alors n'ont pas vraiment « perdu » ces journées, pas plus que nous ne « perdons » une heure lorsque nous passons à l'heure d'été pour tromper le soleil afin qu'il se couche une heure plus tard. Rien ne change vraiment. Nous ne faisons que reculer l'instrument que nous utilisons pour établir une trace de cette abstraction insaisissable que nous appelons « temps ». Que ce soit l'heure d'été, l'heure d'hiver ou l'heure du journal télévisé, cela ne change rien au mouvement des planètes. Que nous appelions cela des « heures » ou autrement, elles passent toujours aussi vite, nous avons toujours l'impression de ne pas en avoir assez, et toujours tendance à les remplir au-delà de leurs capacités.

Dans la satire politique cinglante de Jonathan Swift, *Les voyages de Gulliver*, les Lilliputiens arrivent à la conclusion que la montre de poche de Gulliver doit être son dieu, puisqu'il la consulte avant toute décision. De nos jours, un observateur dirait que notre dieu trine est le smartphone, l'ipad et le saint ordinateur portable.

Au lieu de consulter ces « dieux » modernes de la technologie afin qu'ils nous disent à quoi passer notre temps, arrêtons-nous un moment pour regarder le Maître. Tout occupés que nous sommes, un seul d'entre nous peut-il prétendre l'être autant que Jésus au cours de son bref passage sur la terre ? Il n'avait que trois ans pour accomplir sa mission, qui n'était rien moins que le salut de l'humanité. Les gens ne cessaient de lui réclamer du temps. La nouvelle de ses guérisons miraculeuses se répandait partout, et tous voulaient le toucher ou entendre son enseignement.

Pour chaque personne guérie – chaque grabataire qui prenait sa civière et marchait, chaque aveugle qui recouvrait la vue, chaque âme libérée de ses démons – il y en a certainement eu des centaines d'autres que Jésus n'a jamais approchées. Il était seul et ils étaient si nombreux, il y avait tant de souffrance, tant de besoins. Il n'avait tout simplement pas assez de temps pour guérir tout le monde.

Et pourtant, il semble que Jésus ne se pressait jamais. Il ne s'est jamais plaint d'être trop occupé. Bien au contraire, il prenait toujours le temps de donner des explications aux disciples, de partager un repas, de nourrir les foules, de s'attarder avec les gens, comme auprès de la Samaritaine au puits de Jacob. Il acceptait les « interruptions » comme autant d'appels du Père à servir. Et quelles que soient les demandes pressantes, il aménageait toujours du temps pour être seul à seul en prière avec le Père.

Il vivait selon le temps de Dieu, et non celui des hommes.

> *« Le soir venu, quand fut couché le soleil, on lui apportait tous les malades et les démoniaques, et la ville entière était rassemblée devant la porte. Et il guérit beaucoup de malades atteints de divers maux, et il chassa beaucoup de démons. Et il ne laissait pas parler les démons, parce qu'ils savaient qui il était. Le matin, bien avant le jour, il se leva, sortit et s'en alla dans un lieu désert, et là il priait. Simon et ses compagnons le poursuivirent. »* (Mc 1, 32-36)

Lorsque son ministère terrestre toucha à sa fin, Jésus ne se plaignit pas de manquer de temps pour tout finir ; il ne déplora pas le travail inaccompli. Au contraire, il exprima sa satisfaction :

> *« Je t'ai glorifié sur la terre, en menant à bonne fin l'œuvre que tu m'as donné de faire. Et maintenant, Père, glorifie-moi auprès de toi de la gloire que j'avais auprès de toi, avant que fût le monde. »* (Jn 17, 4-5)

Qui a l'heure ?

Le temps, c'est-à-dire la vie, est un don de Dieu. Chaque jour, le Père, qui nous aime, nous accorde vingt-quatre heures, soit mille quatre cent quarante minutes, afin que nous en disposions selon nos choix. Nous consommons ces minutes dans une course effrénée, essayant de les remplir au maximum.

Dans le livre de la Genèse, au récit de la création, nous lisons que Dieu fit le ciel et la terre, et plaça dans le ciel des luminaires pour marquer les jours ; il fit tout cela avant de nous créer. Chaque jour commençait la veille au soir, aussi Adam et Ève s'éveillèrent-ils à la vie alors que le jour avait déjà commencé. Dieu leur donna un temps pour s'allonger et se reposer, et il mit à part un jour dans la semaine entièrement consacré au repos et au ressourcement. Voilà ce que furent le temps et le rythme de Dieu à la création.

L'ordre du monde ne dépendait pas d'Adam et Ève, pas plus qu'il ne dépend de nous. Tout dépend de Dieu. Nous ne sommes en rien les auteurs de notre propre existence. Nous ne sommes pas des « self-made-men ». Il nous donne la vie, et nous vivons exactement le temps qu'il nous donne de vivre, pas une seconde de plus.

Dieu accorde à chacun de nous une quantité égale de temps quotidien. Nous ne pouvons pas le mettre de côté, ni le tuer, ni le perdre, ni le dépenser. Nous ne pouvons que le *vivre*, sagement ou stupidement, à la gloire du Dieu créateur ou pour toute autre raison moins noble. Si nous comprenons cela, nous saisissons également que ce jour, cet instant, cet éternel présent est tout ce que nous avons, et tout ce dont nous avons besoin.

Dans ce petit livre, nous examinerons comment vivre ce « maintenant » miraculeux en ayant davantage conscience de la présence de Dieu et de l'amour éternel qu'il nous porte. Nous vous encouragerons à vous organiser dans vos activités et à appliquer des principes de gestion du temps, mais nous vous inviterons également à ralentir : c'est ainsi que vous découvrirez que vous avez en fait plus de temps et davantage de liberté de choix pour l'utiliser.

Nous étudierons en premier lieu la notion de temps liée à notre culture pour la confronter au temps de Dieu tel qu'il nous est révélé dans les Écritures. Nous développerons notre conscience du temps *kairos*, le juste temps dévolu à chaque activité sous le ciel de Dieu. Nous évaluerons le contraste entre le rythme naturel de la création et la frénésie maladive propre à notre culture, qui nous déphase du Créateur et du meilleur de nous-mêmes. Nous étudierons de près les conseils que Dieu nous donne dans l'Écriture sur la façon dont nous pouvons gérer notre temps et les raisons pour lesquelles nous devons le faire.

En deuxième partie de ce livre, nous entrerons dans les détails : nous aborderons des techniques visant à canaliser le temps *chronos* : les minutes, les heures et les jours qui rythment notre vie. Au chapitre 5 intitulé « Maîtriser chaque instant », nous apprendrons à ne prendre chaque décision qu'une seule fois et nous nous exercerons à dire non à tout ce qui nous éloigne de nos objectifs. Dix conseils nous serons donnés pour établir notre liste de choses à faire, et nous découvrirons pourquoi nous avons également besoin d'une liste de choses à ne pas faire.

Les chapitres suivants seront autant de propositions sur la manière de faire face aux exigences que la technologie fait peser sur notre temps et notre énergie. Nous élaborerons des stratégies de traitement et d'évaluation du flot d'informations qui nous envahit afin d'éviter de nous y noyer. Nous glorifierons la puissance de la pause, en faisant des temps d'attente subis des temps de ressourcement. Nous ferons la chasse aux chronophages, en éliminant sans pitié de notre vie les activités inutiles et indésirables. Enfin, nous apprendrons à maîtriser les simples principes mathématiques de gestion du temps dont celui, fondamental, de substitution, qui nous permet d'entreprendre de nouvelles activités sans essayer de fabriquer des heures supplémentaires.

En troisième et dernière partie de cet ouvrage, nous nous concentrerons sur le premier jour de la semaine, le jour du

Seigneur, et sur le commandement de Dieu de le sanctifier. Nous passerons en revue les fondements scripturaires de ce commandement et les enseignements de Jean-Paul II sur la manière de le vivre, en nous centrant sur sa définition de chaque dimanche comme étant une « petite Pâque ». Nous comprendrons ainsi plus profondément l'importance de la prière personnelle autant que communautaire.

Nous verrons comment Jésus a accompli plutôt qu'aboli le précepte du shabbat. Nous examinerons le caractère obligatoire de notre participation à la messe du dimanche et saisirons chaque « sainte opportunité » d'aller à la messe en semaine.

Cependant, décider d'assister à la messe en semaine ou ajouter une quelconque activité à son emploi du temps, n'est-ce pas « surbooker » encore un agenda déjà trop chargé ? Non, parce que vous saurez donner sa place, dans votre emploi du temps, à la messe, ou à toute autre activité que vous décidez d'entreprendre comme faisant partie de votre gestion du temps centrée sur Dieu. Vous organiserez votre temps *chronos* en vivant selon le temps *kairos* : le temps de Dieu.

Exercices

Les exercices et réflexions proposés à la fin de chaque chapitre sont destinés à vous aider à vivre plus pleinement et plus joyeusement la volonté de Dieu sur vous dans l'éternel présent.

Pour en tirer le maximum de profit, nous vous conseillons d'y consacrer un peu de temps chaque jour. Si possible, faites-les toujours à la même heure et au même endroit. Ces moments peuvent être courts si vous ne pouvez faire autrement ; ce qui compte, c'est la régularité.

Ayez toujours une Bible à côté de vous et de quoi écrire ; cela devrait suffire.

Beaucoup des exercices proposés ici consistent à faire des listes. Une fois votre liste établie, laissez-la de côté 24 h avant de reprendre l'exercice. Vous laisserez ainsi le temps à l'Esprit Saint de la compléter, et de vous aider à la comprendre plus profondément.

Prêt à commencer le voyage ? Si oui, posez ce livre à côté de vous, fermez les yeux et, pendant cinq minutes, essayez de vous représenter mentalement ce à quoi ressemble le temps pour vous. Donnez-lui une forme physique. Lorsque vous avez devant vous une image, décrivez-la par écrit avec vos propres mots ou dessinez-la.

À travers la façon dont vous vous êtes représenté le temps ici, qu'apprenez-vous sur votre propre vie ? Écrivez rapidement, en quelques mots, votre pensée : Voulez-vous changer votre relation au temps ?

Vous pouvez prendre un instant pour rédiger votre réponse à ces questions.

....

....

....

....

....

Lisez à présent ce passage de l'Écriture qui décrit une matinée de notre Seigneur sur terre :

> « *Le matin, bien avant le jour, il se leva, sortit et s'en alla dans un lieu désert, et là il priait. Simon et ses compagnons le poursuivirent et, l'ayant trouvé, ils lui disent : "Tout le monde te cherche." Il leur dit : "Allons ailleurs, dans les bourgs voisins, afin que j'y prêche aussi, car c'est pour cela que je suis sorti." Et il s'en alla à travers toute la Galilée, prêchant dans leurs synagogues et chassant les démons.* » (Mc 1, 35-39)

Lisez-le une seconde fois, à haute voix, en savourant le rythme et le son des mots. Représentez-vous la scène. Fermez les yeux et essayez de vous mettre en présence du Maître ce matin-là. Imaginez-vous assis avec lui, vous deux tout seuls dans ce lieu désert. Parlez-lui de votre combat pour essayer de mieux utiliser votre temps et votre désir sincère de le servir mieux, de devenir un meilleur disciple, un meilleur ami. Demandez-lui son aide. Restez en silence et laissez-le vous enseigner et vous guérir.

Première partie

Peut-on vraiment « gérer » son temps ?

Chapitre 1

Le temps de Dieu et le nôtre

Un artiste chantait que s'il pouvait mettre « le temps en bouteille », il recueillerait chaque jour afin de passer l'éternité avec la femme qu'il aime. Voilà une notion très belle et romantique – et complètement fantaisiste. On ne peut pas vraiment « gagner » du temps. Pourtant, à nous entendre parler, on pourrait le croire.

Nous parlons de « gagner », de « perdre » ou de « passer » du temps, cette notion évasive de « qualité de temps ». Nous disons même que « le temps, c'est de l'argent ».

Notre notion du temps s'apparente certainement beaucoup plus à celle du poète Andrew Marvel[1] qu'à celle du chanteur mentionné plus haut. Ce poète tentait de séduire sa muse dans « À sa prude maîtresse » par ce raisonnement :

> « Possédérions-nous le monde entier et tout le temps,
> Votre pruderie, Madame, ne serait pas un crime… »

Hélas ! Nous ne possédons pas « le monde entier » ni « tout le temps », avertit-il. Bien au contraire :

---

1. Andrew MARVEL, homme d'état et poète anglais (1621-1677) (N.d.T.).

« Mais derrière moi j'entends sans cesse
Le char ailé du temps qui accourt. »

Un autre poète pressé[2] semble lui aussi avoir entendu ce char ailé. Dans son poème : « Aux vierges, pour saisir le temps qui passe » il prodigue ses conseils à toutes les timides jeunes filles :

« Cueillez les boutons de rose tant que vous le pouvez,
Le vieux Temps s'envole toujours
Et la fleur qui s'épanouit aujourd'hui
Demain ne sera plus. »

À l'instar des poètes, nous vivons dans un sentiment écrasant d'urgence ; nous nous disons les uns aux autres que nous sommes débordés et qu'il n'y a pas assez d'heures dans une journée. Nous nous précipitons vers notre prochain rendez-vous, pendus au téléphone tout en passant au feu orange. Nous sommes prisonniers de la frénésie du moment, essayant de doubler le passé pour attraper l'avenir.

Nous avons pris l'habitude de nous dépêcher, alors qu'en réalité nous possédons « le monde entier et tout le temps » en Dieu qui est, qui était et qui vient.

« Devant le Seigneur, un jour est comme mille ans et mille ans comme un jour. » (2 P 3, 8)

Entrer dans le temps de Dieu

Dieu a choisi d'envoyer son Fils à une époque et dans une culture sans montre ni minuterie moderne, où l'on vivait une conception du temps totalement différente de la nôtre.

2. Robert HERRICK, poète anglais (1591-1674) (N.d.T.).

Les textes bibliques originaux en hébreu et en grec emploient de nombreux termes pour désigner ce que nous désignons par un seul mot : le temps. En hébreu, le temps peut se dire *ayt*, le moment où quelque chose se produit : ou bien *olam*, temps incommensurable, au-delà de toute perception humaine ; ou encore *mo 'ed*, le temps fixé pour l'accomplissement d'un événement spécifique.

En grec, nous trouvons *chronos*, le temps chronologique, et *kairos*, le temps donné par Dieu, le temps favorable. *Kairos* est cet accomplissement des temps dont parle saint Paul, le temps du salut, la plénitude des temps :

> « *Et puisque nous sommes ses coopérateurs, nous vous exhortons encore à ne pas recevoir en vain la grâce de Dieu. Il dit en effet : "Au moment favorable, je t'ai exaucé ; au jour du salut, je t'ai secouru." Le voici maintenant le moment favorable, le voici maintenant le jour du salut.* » (2 Co 6, 1-2)

Paul emploie au moins trente fois le terme *kairos* dans ses épîtres, et on en trouve encore au moins cinquante occurrences ailleurs dans le Nouveau Testament.

L'expression la plus citée de ce « juste temps » nous vient de l'Ancien Testament, au début du chapitre 3 du livre de Qohelet :

> « *Il y a un moment pour tout*
> *et un temps pour toute chose sous le ciel.*
> *Un temps pour enfanter, et un temps pour mourir ;*
> *un temps pour planter, et un temps pour arracher le plant.*
> *Un temps pour tuer, et un temps pour guérir ;*
> *un temps pour détruire, et un temps pour bâtir.*
> *Un temps pour pleurer, et un temps pour rire ;*
> *un temps pour gémir, et un temps pour danser.*
> *Un temps pour lancer des pierres, et un temps pour en ramasser ;*

Un temps pour embrasser,
et un temps pour s'abstenir d'embrassements.
Un temps pour chercher, et un temps pour perdre ;
un temps pour garder, et un temps pour jeter.
Un temps pour déchirer, et un temps pour coudre ;
un temps pour se taire, et un temps pour parler.
Un temps pour aimer, et un temps pour haïr ;
un temps pour la guerre, et un temps pour la paix. » (Qo 3, 1-8)

Dans le Nouveau Testament, *kairos* peut désigner le temps du salut et le temps où les ténèbres gouvernent la terre. Il nous faut traverser le *kairos* des ténèbres pour atteindre le *kairos* du salut. Le retour du Christ est proche :

> *« Le salut est maintenant plus près de nous qu'au temps où nous avons cru. La nuit est avancée. Le jour est arrivé. »* (Rm 13, 11-12)

Dieu *« nous a fait connaître le mystère de sa volonté, ce dessein bienveillant qu'Il avait formé en Christ par avance, pour le réaliser quand les temps seraient accomplis : ramener toutes choses sous un seul Chef, le Christ, les êtres célestes comme les terrestres. »* (Ep 9, 1-10)

Jésus avait un sens aigu du temps favorable, de l'heure juste. En réalité ce fut sa mère qui intervint pour marquer le début de son ministère public, lors des noces de Cana. Lorsque Marie dit à son fils qu'il n'y avait plus de vin, il répliqua : *« Femme, qu'y a-t-il entre toi et moi ? Mon heure n'est pas encore venue*[3]*. »* (Jn 2, 4) Marie dit cependant aux serviteurs de faire tout ce que Jésus leur dirait. Peu après, il changeait l'eau en un vin des plus fins.

---

3. Traduction Bible Colombe.

> « *Tel fut le premier des miracles de Jésus, il l'accomplit à Cana de Galilée et il manifesta sa gloire et ses disciples crurent en lui.* » (Jn 2, 11)

Jésus voulut indiquer qu'il n'était pas tout à fait temps pour lui de se révéler pleinement comme le Messie, comme lors de la guérison du lépreux. Pour le premier des dix miracles qui, dans Matthieu, inaugurent son ministère, il admoneste l'homme sévèrement : « *Garde-toi d'en parler à personne.* » (Mt 8, 4) Un peu plus loin, après avoir rendu la vue à deux aveugles, il leur donne un avertissement semblable :

> « *Prenez garde ! Que personne ne le sache !* » (Mt 9, 30)

Dans Jean 7, 2-10, ses amis le pressent de se révéler lors de Soukkot, la fête juive des tentes :

> « *Passe d'ici en Judée, que tes disciples aussi voient les œuvres que tu fais : on n'agit pas en secret, quand on veut être en vue. Puisque tu fais ces choses-là, manifeste-toi au monde.* » (Jn 2, 2-3)

Mais Jésus répondit : « *Mon temps n'est pas encore venu* » (v. 6).

Dans Matthieu 4, 17, au début de son ministère, les temps n'étaient pas encore mûrs pour qu'il révèle sa nature, mais en Mt 16, 21, le moment était venu pour lui d'expliquer à ses disciples ce qui allait lui arriver. Il annonce le temps de la moisson en Jean 4 :

> « *Ne dites-vous pas : "Encore quatre mois et vient la moisson" ? Eh bien ! Je vous dis : Levez les yeux et regardez les champs, ils sont blancs pour la moisson.* » (Jn 4, 35)

Ses miracles furent bientôt connus de tous, bien sûr, en particulier après la multiplication des pains et des poissons.

L'annonce la plus spectaculaire de sa messianité vint juste après sa proclamation des paroles d'Isaïe :

> « *L'Esprit du Seigneur est sur moi, parce qu'il m'a consacré par l'onction, pour porter la bonne nouvelle aux pauvres. Il m'a envoyé annoncer aux captifs la délivrance et aux aveugles le retour à la vue, renvoyer en liberté les opprimés, proclamer une année de grâce du Seigneur.* » (Lc 4, 18-19)

> « *Alors il se mit à leur dire : "Aujourd'hui s'accomplit à vos oreilles ce passage de l'Écriture."* » (Lc 4, 21)

Il nous appartient d'être attentifs à lire les signes des temps : « *Lorsque vous voyez un nuage se lever au couchant, aussitôt vous dites que la pluie vient, et ainsi arrive-t-il.* » dit Jésus à la foule en Luc 12, 54.

> « *Hypocrites, vous savez discerner le visage de la terre et du ciel ; et ce temps-ci alors, comment ne le discernez-vous pas ?* » (Lc 12, 56.)

Bien que les récits du Nouveau Testament en général et les paraboles du Christ en particulier soient construits selon le rythme des saisons, le temps biblique est clairement linéaire, jalonné d'événements-clés qui ne se produisent qu'une seule fois, au temps marqué, et qui font avancer la création de Dieu vers son salut. La naissance, la mort et la résurrection du Christ en sont bien sûr les événements centraux, singuliers, inscrits en mémorial au calendrier de l'Église et incarnés par l'Eucharistie.

Dieu nous donne la portion de temps qui nous est impartie et conduit notre destinée.

> « *Tu fais revenir le mortel à la poussière en disant : "Revenez, fils d'Adam !"*

Car mille ans sont à tes yeux comme un jour, comme hier, comme une veille de la nuit.

Tu les emportes, un songe au matin. Le temps de nos années, quelque soixante-dix ans, quatre-vingts, si la vigueur y est. » (Ps 90, 3-5. 10)

Dieu est l'auteur du temps (cf. Gn 1, 5), le maître de l'histoire. Tout arrive au temps fixé par Dieu.

« *Fais-nous savoir comment compter nos jours, que nous venions de cœur à la sagesse !* » (Ps 90, 12.)

Kairos (le temps favorable) va de pair avec *kalos*, qui désigne ce qui est par essence beau et bon. En Luc 8, 15, Jésus nous enjoint, après que nous ayons entendu la parole de Dieu, de la retenir d'un cœur « *loyal et bon* [kalos] [4] ».

« *Vérifiez tout* » nous dit Paul en 1 Th 5, 21 : « *Ce qui est bon* [kalos], *retenez-le.* »

Trouver une gestion du temps fondée sur nos valeurs

Quand bien même Adam et Ève auraient eu une montre et des calendriers, ou même une notion du temps basée sur autre chose que le lever et le coucher du soleil ou le rythme des saisons, la Bible ne le mentionne pas. Ils mangeaient quand ils avaient faim, dormaient quand ils avaient sommeil et laissaient littéralement la nature suivre son cours. Formidable, n'est-ce pas ? C'est du moins ainsi que les choses devraient être. Avant la chute, Adam et Ève ne vivaient-ils pas au paradis et n'étaient-ils pas constamment en présence de Dieu ?

4. Traduction de la TOB.

Dans notre condition déchue, le mal et le bien s'affrontent pour prendre possession de notre temps et de notre attention. Nous devons aimer le bien et résister au mal, choisir la vie et non la mort. Nous devons gagner notre vie à la sueur de notre front (bien que beaucoup d'entre nous ne suent pas au travail sauf en cas de stress ou de panne de climatisation).

Parallèlement à la pression du travail, ou peut-être pour la soulager, nous avons inventé une foule de divertissements. Toute cette activité est à l'origine du syndrome du « pas assez d'heures dans une journée ». Si nous n'arrivons pas, d'une façon ou d'une autre, à répondre, dans le temps qui nous est imparti, à toutes ces exigences contradictoires, d'autres s'en occuperont à notre place et décideront pour nous. Nous nous sentons liés par toutes ces urgences apparentes et tous ces désirs soudains et aveuglants dont le monde moderne nous mitraille. Nous passons notre vie à zapper de nos amis à nos voisins, notre patron, notre ennemi, le VRP, l'homme politique et l'idole du moment qui requièrent toute notre attention.

Ils nous appellent sans cesse et d'une voix perçante. Dieu, lui, nous appelle d'une voix discrète et silencieuse. Comment pouvons-nous l'entendre, ou seulement lui prêter attention ? Selon quels critères répartissons-nous les mille quatre cent quarante précieuses minutes qu'il nous accorde chaque jour ?

Le premier pas dans notre processus de décision doit être de reconnaître que notre vie appartient à Dieu. C'est la prière qui doit guider nos choix ; ils doivent s'enraciner dans une appréciation juste de nos vies et un désir sincère d'aimer et servir Dieu. Il nous faut toujours garder à l'esprit le sens de notre mission sur terre : aimer Dieu et notre prochain. Tout en découle.

> *« On t'a fait savoir, homme, ce qui est bien, ce que le Seigneur réclame de toi : rien d'autre que d'accomplir la justice, d'aimer la bonté et de marcher humblement avec ton Dieu. »* (Mi 6, 8)

Dieu nous appelle à discerner le *kalos* dans notre vie et à le vivre en pensée, en paroles et en actes.

Séparer l'important de ce qui n'est qu'urgent

Dans son ouvrage *First Things First* [5], Stephen Covey, un spécialiste de la question, souligne l'importance de mettre en place une gestion du temps fondée sur nos valeurs. Il expose quatre grands critères selon lesquels nous pouvons classer toutes nos activités en fonction de leur importance et de leur urgence. Comme l'indique le prophète Michée, une activité importante est celle qui nous aide dans notre mission d'accomplir la justice, aimer la bonté et marcher humblement avec Dieu.

Covey nous met au défi de classer toutes nos activités dans l'une de ces quatre catégories :

- ✓ Ce qui est important et urgent ;
- ✓ Ce qui est important mais non urgent :
- ✓ Ce qui est urgent mais non important ;
- ✓ Ce qui n'est ni urgent, ni important.

En regardant nos activités à travers ce prisme, nous pouvons fort bien découvrir que nous passons trop de temps à *« ce qui est urgent mais non important »* et pas assez à ce qui est *« important mais non urgent »*. Un

5. Stephen Covey, Roger and Rebecca Merrill, *First Things First*, éd. Simon and Schuster, New York, 1994.

exemple d'action « *urgente mais non importante* » serait de se dépêcher pour être à l'heure à un rendez-vous, pour finalement se demander, dans les deux heures qui suivent, pourquoi on est venu. Dans la case « *important mais non urgent* », on peut trouver tout ce qui est vraiment bon : passer du temps avec ses proches et entretenir les amitiés. On peut également y inclure tout ce que nous savons devoir faire mais à quoi nous ne parvenons jamais, comme faire régulièrement de l'exercice ou mettre en place un budget à long terme.

Dans la liste qui suit, j'énumère des activités qui pourraient entrer dans chaque catégorie. Vous aussi, établissez votre propre liste, qui reflètera votre vie.

IMPORTANT ET URGENT

- ✓ Votre enfant est malade ou s'est blessé à l'école ;
- ✓ Vous avez une lourde présentation orale à donner et seulement deux heures pour vous y préparer ;
- ✓ Une voiture vous fait une queue de poisson sur l'autoroute ;
- ✓ Vos canalisations éclatent !

IMPORTANT MAIS NON URGENT

- ✓ Faire de l'exercice régulièrement ;
- ✓ Lire ce grand roman ou ce livre très enrichissant ;
- ✓ Passer du temps en famille ;
- ✓ Prier ;
- ✓ Étudier la Parole de Dieu.

Urgent mais (très probablement) non important

✓ Un collègue a besoin de « juste une minute » pour parler ;

✓ La réunion de votre département a commencé depuis quatre minutes ;

✓ Votre boîte mail vous signale l'arrivée d'un courriel ;

✓ Le téléphone sonne à l'heure du dîner – une fois de plus.

Ni urgent ni important

✓ Faire les mots croisés du jour ;

✓ Participer aux cancans des collègues ;

✓ Lire les résultats des matches de foot (ça m'a fait mal de mettre ce point-là sur la liste !)

✓ Soigner les bordures de la pelouse (je me suis décidé à mentionner ce point-là après avoir écrit le précédent).

Les événements *« importants et urgents »* ne nécessitent pas de prendre une décision ni d'organiser son temps. Nous ne calculons pas le « bon moment » pour aller chercher un enfant très malade à l'école. Nous laissons tout en plan et nous y allons.

Ce qui n'est *« ni important ni urgent »* ne requiert pas non plus beaucoup de réflexion, mais cela ne veut pas dire que nous devons systématiquement l'éliminer de notre vie. C'est bien aussi de faire des choses juste pour le plaisir ; autrement, comme le dit un personnage de théâtre, la vie peut devenir un long rendez-vous chez le dentiste[6]. Cependant, lorsque le temps se fait rare, ces activités peuvent être les premières que nous allons jeter par-dessus bord d'une vie surchargée.

---

6. Citation libre de Murray Burns, personnage de la pièce *A Thousand Clowns* écrite en 1962 par Herbert G. Gardner (1934-2003).

Ce sont les deux autres catégories qui demandent notre attention. Il se peut que nous devions retirer du temps consacré à *« l'urgent mais non important »* pour le donner à *« l'important mais non urgent »*. Voilà l'essence d'une bonne gestion du temps.

Deux tâches importantes et urgentes peuvent requérir notre attention en même temps ; ou bien nous pouvons ne pas disposer d'assez de temps pour accomplir les deux. Les premiers disciples ont dû faire face à ce dilemme lorsqu'ils se rendirent compte qu'ils n'avaient pas assez de temps pour prêcher l'Évangile du Christ ressuscité tout en pourvoyant aux biens temporels de la communauté. Ils résolurent le problème en appelant de nouveaux disciples à partager cette charge avec eux (cf. Ac 6, 1-7).

Lorsque de tels choix se présentent à nous, nous recherchons l'aide de Dieu, adhérant toujours au principe de *« Chercher d'abord son Royaume et sa justice »* (Mt 6, 33). Nous, les chrétiens, nous ne nous contentons pas de « gérer » notre temps : nous nous comportons en intendants de la vie précieuse que le Père nous a donnée. Tout en gardant cela à l'esprit, nous réfléchirons, en deuxième partie de cet ouvrage, sur les techniques particulières nous permettant de prendre de bonnes décisions concernant le temps. Nous commencerons cependant par nous attarder davantage sur les obstacles que nous rencontrons, en particulier l'épidémie sociale de « maladie de la vitesse » qui entretient l'habitude de se dépêcher et peut donner lieu à des symptômes vraiment pénibles.

Exercice

Nous employons le mot « temps » pour exprimer de nombreux concepts, et nous avons beaucoup de dictons associés au temps. L'une des idées répandues et les plus subversives de notre culture moderne est : « Le temps, c'est de l'argent ».

Prenez quelques minutes et faites une liste de toutes les phrases ou expressions qui vous viennent à l'esprit et qui comportent le mot « temps ». Il n'y a pas de bonne ni de mauvaise réponse.

Vous pouvez maintenant prendre le temps de rédiger.

....

....

....

....

À présent, écrivez quelques phrases sur votre propre relation au temps. Par exemple, pour ma part je pourrais écrire : « Je perds beaucoup de temps à regarder la télévision. »

Vous pouvez maintenant prendre le temps de rédiger.

....

....

....

....

....

Lorsque vous en avez écrit autant que vous pouvez, reprenez la liste et soulignez tous les mots que vous avez associés au temps, comme par exemple le mot *argent* dans « le temps c'est de l'argent ». Maintenant, recopiez votre liste en remplaçant partout le mot « temps » par le mot « vie ». Dans notre exemple ci-dessus, l'adage original deviendrait « la vie c'est de l'argent ».

Ne vous contentez pas de remplacer les mots mentalement. Prenez le temps (prenez la vie !) de mettre par écrit chaque nouvelle expression. Ce que j'ai dit au sujet de la télévision deviendrait alors : « Je perds beaucoup de vie à regarder la télévision. »

Vous pouvez maintenant prendre le temps de rédiger.

....

....

....

....

....

Mettez votre nouvelle liste de côté au moins quelques heures, de préférence jusqu'au lendemain. Quand vous y revenez, avez-vous de nouvelles phrases ou de nouvelles expressions à ajouter ?

Lisez vos phrases modifiées à haute voix, comme si vous croyiez qu'elles étaient vraies : « La vie c'est de l'argent ! » Comment réagissez-vous à cela ? « Il est bien évident que la vie n'est pas de l'argent ! »

Lisez les versets ci-dessous extraits de la seconde lettre aux Corinthiens. Lisez-les une deuxième et même une troisième fois, lentement, et à haute voix. Fermez les yeux et réfléchissez sur ce passage, cherchant à laisser l'Esprit Saint vous guider plus profondément dans sa vérité pour vous.

> « *Nous vous exhortons encore à ne pas recevoir en vain la grâce de Dieu. Il dit en effet : "Au moment favorable, je t'ai exaucé ; au jour du salut, je t'ai secouru". Le voici maintenant le moment favorable, le voici maintenant le jour du salut.* » (2 Co 6, 1-2)

Chapitre 2

Guérir de la maladie de la vitesse

« C'était le meilleur des temps ; c'était le pire des temps », nous dit Charles Dickens dans sa célèbre première phrase d'*Un conte de deux villes*[7]. « Que ce soit le meilleur ou le pire des temps, c'est le seul que nous ayons » ajoutait, quelques dizaines d'années plus tard, l'humoriste Art Buchwald.

Si la plupart d'entre nous avons l'impression de ne pas avoir assez de temps, bon ou mauvais, le manque de temps n'est peut-être pas toujours le vrai problème.

Une étude révèle qu'un Américain moyen travaille environ cinquante heures par semaine, dort quarante-cinq heures et mange pendant quinze heures. Il passe cinq heures dans les magasins, deux heures à faire du sport et seulement une heure à des activités religieuses ou de bénévolat.

À quoi donc sont employées les cinquante heures hebdomadaires qui restent ? À regarder la télévision. La même étude estime qu'à cinquante ans, un Américain moyen aura passé onze ans (!) rivé devant le petit écran. Cela représente presque cinq heures par jour. J'espère que cette estimation est évaluée à la hausse, mais je n'en suis pas sûr.

---

7. Écrit en 1859. Disponible chez Gallimard, Folio, 1989.

On pourrait penser que nous devons être drôlement détendus après tout ce divertissement devant la télévision. Pourtant, ce n'est pas le cas. Nous nous mettons sans arrêt sous pression. Nous sommes des adorateurs du travail et de l'affairement constant. Nous développons une compulsion à produire et à exécuter. Nous nous battons pour le pouvoir, le prestige et les possessions. Pierre nous avertit que ces désirs terrestres *« font la guerre à l'âme »* (1 P 2, 11), alors même qu'ils consument les heures de nos journées et les jours de nos vies. Il nous en faut toujours plus.

Même nos temps de détente revêtent un aspect utilitaire. Nous nous « reposons » afin d'être plus efficaces au travail et nos vacances deviennent des listes de choses à faire ou de lieux à visiter. La peur de perdre du temps envahit chaque instant de notre vie, en prend possession et nous vole notre capacité à profiter de la création de Dieu.

Dans notre frénésie à « faire », nous perdons souvent de vue la raison pour laquelle nous « faisons ». Nous sommes comme un chauffeur qui conduirait à toute allure sans se préoccuper de ce qu'il manque, du moment que son temps de trajet est réduit au minimum. Comme le Crapaud dans *Le vent dans les saules* de Kenneth Grahame[8], « nous poursuivons joyeusement notre chemin vers nulle part. »

Nous recherchons la vitesse pour elle-même, et notre gestion du temps vise à essayer de faire entrer plus d'activités dans un même laps de temps, inextensible, par des techniques telles que la planification multitâche ou l'élimination des gens « chronophages ».

---

8. *Le vent dans les saules*, Kenneth GAHAME (1908), disponible aux éditions École des Loisirs, collection Pastel, 2004.

Pourquoi cette obsession du mouvement perpétuel ? Je vais vous en proposer cinq causes. Sans aucun doute, vous pourrez en ajouter d'autres.

Cause n° 1 : l'avarice

Nous voulons de l'argent, du pouvoir, des louanges et du prestige ; lorsque nous les avons, nous en voulons davantage. Bien sûr, je ne parle pas ici des personnes qui sont obligées de cumuler deux ou trois emplois pour payer leur loyer ou remplir leur réfrigérateur.

Cause n° 2 : la vanité

Nous nous inquiétons davantage de plaire aux hommes qu'à Dieu. Nos collègues peuvent trouver ridicule que nous passions du temps à prier ou à méditer ; beaucoup considèrent la religion comme une béquille ou une drogue pour les faibles. D'un autre côté, les gens nous admirent quand nous travaillons de longues heures, prouvant ainsi notre « conscience professionnelle ».

Cause n° 3 : l'ego

Notre travail est tellement important, et il n'y a que nous qui pouvons le faire comme il faut.

Cause n° 4 : béni oui-oui

En conséquence de notre ego et de notre vanité, nous n'apprenons jamais à dire non. Nous voulons plaire à tout le monde, et être tout à tous.

Cause n° 5 : la peur

Nous nous occupons ardemment à certaines tâches afin de pouvoir en éviter d'autres, plus importantes ou plus difficiles. Nous nous consacrons à ce qui nous est familier et faisons l'impasse sur la nouveauté. Imaginez un homme qui maîtrise parfaitement tout ce qui relève de sa responsabilité au travail, mais se sent incapable et ne trouve pas sa place à la maison avec sa famille. Il n'est pas étonnant qu'il rentre du travail si tard tous les soirs.

Le but de ce livre n'est pas de faire de vous un chrétien plus occupé mais de vous aider à vivre une vie chrétienne saine et équilibrée.

L'hérésie du « pas-le-temps »

Quelle que soit la façon dont nous employons nos journées, chacun de nous, riche ou pauvre, jeune ou vieux, en bonne santé ou malade, reçoit le même nombre d'heures. Nous ne pouvons pas les mettre de côté pour les utiliser plus tard. Nous sommes obligés de vivre le temps comme il vient, soixante secondes par minute, soixante minutes par heure. Une fois ce temps vécu, nous ne pouvons jamais récupérer ces heures pour les vivre à nouveau.

Si nous affirmons que nous n'avons pas assez de temps, nous disons que Dieu ne nous en a pas donné assez. Nous sous-entendons que le don qu'il nous en a fait est trop chiche, et davantage, que son plan sur nous doit être mauvais et qu'il a l'intention de nous frustrer et de nous empêcher d'agir.

Et si nous partions du postulat inverse ? Pourquoi ne pas faire vôtre la notion que votre Dieu, qui est un Dieu d'amour, qui désire ce qui est bon pour vous, vous a donné exactement le temps dont vous avez besoin ? Dès lors, il ne s'agit plus d'essayer de trouver plus de temps ou de se plaindre de ne pas en avoir assez, mais de trouver le rythme naturel de la journée et de l'adopter, en harmonie avec le plan de Dieu sur nous. La gestion du temps devient alors la recherche d'un juste mode de vie. C'est précisément l'objectif que propose ce livre : non pas de pas faire de vous un chrétien plus occupé mais de vous aider à vivre une vie chrétienne saine et équilibrée.

Comme toujours, si nous voulons trouver un juste mode de vie, il nous faut nous tourner vers la prière et la Parole de Dieu, révélée dans l'Écriture Sainte.

Principes bibliques d'une bonne intendance du temps que Dieu met à notre disposition

La Bible contient des dizaines de passages consacrés à la vie quotidienne en harmonie avec Dieu, mais la plupart d'entre eux traitent de l'argent, des biens et des « talents ». Très peu parlent du temps. Ceux qui le font nous invitent clairement à prendre conscience de la course du temps et des limites de notre séjour sur la terre :

> « *Fais-nous savoir comment compter nos jours, que nous venions de cœur à la sagesse !* » (Ps 90, 12.)

Demandons à Dieu de nous détourner de nos vies d'égocentrisme et d'indépendance pour avancer vers une plus grande maturité et une plus grande dépendance à Dieu, source de la vie.

Un site biblique anglo-saxon a mis en ligne un essai intitulé : « Être un bon intendant du temps qui nous est donné : multiplier la vie par la rédemption du temps[9] ». Voici

---

9. « The Stewarship of Time : Multiplying the Life through Redeeming the Time » par J. Hampton Keathley, sur http://bible.org/seriespage/stewardship-time (N.d.T.).

ce qui nous y est enseigné : « L'homme cherche son propre confort, son plaisir, ses buts à atteindre, ses réalisations et sa richesse afin de donner un sens à sa vie, d'être satisfait et de se sentir en sécurité. Cependant, l'un des grands messages de la Bible est que tout ceci ne peut se trouver qu'en Dieu. » C'est peut-être là le cœur de l'avertissement de Jésus lorsqu'il dit qu'il est plus facile à un chameau de passer par le chat d'une aiguille qu'à un riche d'entrer dans le Royaume des Cieux (Mt 19, 24 et Mc 10, 25). Les riches ont tant de distractions et tellement plus à perdre.

Un conteur américain considère que ceux qui vivent dans des régions où les hivers sont rudes, comme les agriculteurs célibataires norvégiens du Minnesota, ont plus de facilité à combattre les désirs charnels que ceux qui bronzent au soleil éternel de la Californie, d'Hawaï ou de Floride. Cependant, nous, habitants des régions froides et nordiques, devons affronter beaucoup d'autres défis à notre vertu. Que nous habitions en Alaska ou en Floride, nous sommes appelés à vivre notre vie selon Dieu, à choisir le bien et à éviter le mal.

> *« Ainsi prenez bien garde à votre conduite ; qu'elle soit celle non d'insensés mais de sages, qui tirent bon parti de la période présente ; car nos temps sont mauvais ; ne vous montrez donc pas inconsidérés, mais sachez voir quelle est la volonté du Seigneur. »* (Ep 5, 15-17)

Dans sa première épître, Pierre expose clairement les principes. En premier lieu, nous devons saisir que, en tant que chrétien, nous sommes des exilés du paradis, des étrangers sur cette terre (cf. 1 P 2, 11). Nous savons que nous vivons des temps mauvais, une période de ténèbres. Nous sommes ici pour aimer et servir le Seigneur, pour être les ambassadeurs du Christ (cf. 1 P 3,15).

Finalement, en dépit des temps mauvais et de notre statut d'exilés, Pierre nous dit :

> « *Mais, dans la mesure où vous participez aux souffrances du Christ, réjouissez-vous, afin que, lors de la révélation de sa gloire, vous soyez aussi dans la joie et l'allégresse.* » (1 P 4, 13)

Vous n'avez pas trop l'impression d'être ambassadeur du Christ ? Pas le temps de vous réjouir ? Prenons du temps, d'abord en faisant le bilan de la façon dont nous gérons déjà notre temps. Puis, dans notre deuxième partie, nous explorerons des manières spécifiques d'améliorer cette gestion.

Exercice

Stephen Covey classe toutes les activités en quatre catégories :

- ✓ L'important et urgent ;
- ✓ L'important mais non urgent ;
- ✓ Le non important mais urgent ;
- ✓ Le non important et non urgent.

Nous définirons ici comme « importante » toute activité en lien direct avec nos objectifs fondamentaux dans la vie. Ils peuvent s'étendre à « servir Dieu », « maintenir une relation d'amour avec mon époux(se) » et « prendre soin de mes enfants ». L'« urgent » est tout ce qui requiert une attention immédiate.

S'écarter devant une voiture qui arrive est à la fois important et urgent. Faire réviser sa voiture pourrait être important, mais pas urgent - sauf si la voiture est tombée en panne. Un téléphone qui sonne donne un sentiment d'urgence et semble demander une attention immédiate, mais l'appel lui-même peut très bien ne pas être du tout important. J'aime beaucoup regarder le foot et le base-ball à la télévision ; c'est divertissant et cela me détend mais, à y regarder de plus près, je dois admettre que ce n'est ni important, ni urgent.

Toute activité au service d'un objectif fondamental est par définition importante, mais elle peut être urgente ou ne pas l'être. Si votre enfant se blesse gravement à l'école, vous êtes devant une situation de crise importante et urgente, et vous vous en occupez immédiatement. Si vous avez l'impression que vos relations se distendent avec ce même enfant devenu adolescent, c'est certainement important, mais vous n'allez pas forcément vous sentir acculé à rétablir ce contact dans la minute.

Passez-vous trop de temps à des tâches relativement peu importantes alors que vous en négligez certaines qui le sont réellement ? Si vous souhaitez avancer, voici un exercice de trois jours pour vous permettre d'en prendre conscience. Ne vous pressez pas : le temps écoulé entre les différentes phases de l'exercice est peut-être aussi important que l'exercice lui-même.

Jour 1 :

Inventaire de vos activités

Dressez la liste des activités que vous pratiquez chaque semaine. Vous n'avez pas besoin de tout dire, bien sûr, mais faites une liste aussi exhaustive que possible en dix ou quinze minutes. Lorsque c'est fait, laissez la liste de côté et revenez-y dans vingt-quatre heures.

....

....

....

....

....

....

Jour 2 :

Tri de vos activités

Reprenez votre liste. Si d'autres activités vous viennent à l'esprit, rajoutez-les.

Prenez maintenant environ vingt minutes et placez chacune des activités de votre liste dans l'une des quatre catégories de Covey. Vous pouvez simplement mettre les initiales à côté de chaque article de la liste, par exemple : « I/U » pour « important et urgent » et « I/-U » pour « important mais pas urgent ». Cependant, l'effet visuel de séparer les articles en les mettant dans des listes différentes peut donner un plus grand impact à l'exercice.

Certaines activités peuvent être difficiles à classer. D'autres pourraient entrer simultanément dans différentes catégories : par exemple, « parfois important, parfois pas ».

Vous pourriez vouloir introduire une cinquième, voire une sixième catégorie. Contentez-vous de faire de votre mieux avec les quatre catégories proposées. Ce n'est pas un examen et vous pourrez toujours changer plus tard les activités de catégorie.

Quand vous avez terminé, mettez votre travail à nouveau de côté pendant une journée.

....

....

....

....

....

Jour 3 :

Réflexion

Relisez et réfléchissez sur les activités classées dans chaque catégorie. Trouvez-vous des surprises ? Y a-t-il des activités que vous auriez aimé ne pas avoir à écrire ? Y a-t-il des activités que vous aimeriez éliminer, particulièrement dans la colonne « urgent mais pas important » ou « ni important ni urgent » ?

Y a-t-il des activités sur lesquelles vous voudriez ou auriez besoin de passer plus de temps ? Il est possible que vous les trouviez dans la colonne « important mais non urgent » ; l'absence d'urgence est la raison pour laquelle vous avez du mal à les faire entrer dans votre vie si occupée actuellement.

Que manque-t-il ? Il est difficile de voir ce qui n'est pas mis par écrit, mais pensez-vous encore à des activités que vous devriez faire et que vous ne faites pas ?

Créez alors une cinquième catégorie :

« Important mais pas fait, ou insuffisamment fait. »

....

....

....

....

....

La gestion du temps basée sur les valeurs se concentre sur cette cinquième catégorie : les choses les plus importantes que vous voulez et que vous avez besoin de faire, mais que vous n'avez pas faites. Tous les exercices suivants, qui consistent à se débarrasser des tâches inutiles et en accomplir d'autres plus efficacement, visent à libérer du temps pour ces activités importantes auxquelles vous avez manqué.

Vous travaillerez également à retirer du temps à l'« urgent mais pas important » pour en insuffler dans l'« important mais non urgent ». C'est le travail de toute une vie, mais vous l'avez déjà amorcé par la tâche difficile accomplie ces trois derniers jours.

Lisez ce passage de la première lettre de Saint Pierre, lentement et dans la prière. Relisez-le, à voix haute. Priez sur ce passage.

« La fin de toutes choses est proche. Soyez donc sages et sobres en vue de la prière. Avant tout, conservez entre vous une grande charité, car la charité couvre une multitude de péchés. Pratiquez l'hospitalité les uns envers les autres, sans murmurer. Chacun selon la grâce reçue, mettez-vous au service les uns des autres, comme de bons intendants d'une multiple grâce de Dieu. Si quelqu'un parle, que ce soit comme les paroles de Dieu ; si quelqu'un assure le service, que ce soit comme par un mandat reçu de Dieu, afin qu'en tout Dieu soit glorifié par Jésus Christ, à qui sont la gloire et la puissance pour les siècles des siècles. Amen. » (1 P 4, 7-11)

Chapitre 3

Est-il vraiment nécessaire de gérer le temps ?

« C'est l'heure désormais de vous arracher au sommeil ; le salut est maintenant plus près de nous qu'au temps où nous avons cru. La nuit est avancée. Le jour est arrivé. » (Rm 13, 11-12)

C'est plus qu'ironique : nous nous précipitons de choses à faire en choses à faire, poussés par un sentiment d'urgence et l'habitude de nous dépêcher, et pourtant, nous nous comportons comme si nous avions tout le temps du monde pour commencer à dire à ceux que nous aimons combien ils comptent pour nous, pour réparer une brèche dans une amitié, ou pour emmener les enfants à la pêche.

Les mois s'écoulent, et nous n'arrivons jamais vraiment à jouer au foot, cultiver le jardin, étudier le swahili ou lire Molière. Comme semble le dire notre bonne vieille équipe de France de football au sujet de la coupe : « On verra la saison prochaine. »

Ces mots du psalmiste devraient nous inviter à nous arrêter :

« Fais-moi savoir, Seigneur, ma fin
et quelle est la mesure de mes jours,
que je sache combien je suis fragile.
Vois, d'un empan tu fis mes jours,
ma durée est comme rien devant toi ;
rien qu'un souffle, tout homme qui se dresse,
rien qu'une ombre, l'humain qui va ;
rien qu'un souffle, les richesses qu'il entasse,
et il ne sait qui les ramassera. » (Ps 39, 5-7)

Aujourd'hui, à vos yeux, s'accomplit la parole du prophète

Imaginez-vous à la synagogue en ce matin de shabbat où Jésus lut la parole du prophète dans le saint rouleau et dit ensuite à l'assemblée que cette prophétie était accomplie, que le Messie qu'il leur tardait de voir venir était assis devant eux.

L'auriez-vous cru alors et, si vous l'aviez cru, vous seriez-vous précipité vers lui pour l'embrasser ? Ou bien auriez-vous douté, vous seriez-vous moqué de lui, auriez-vous catalogué Jésus dans la catégorie des fous et des illuminés ? Peut-être auriez-vous été offensé ou même outré par ce comportement. À la fin de la célébration, au moment de rentrer chez vous, auriez-vous agi autrement qu'à n'importe quel shabbat ordinaire ?

Et aujourd'hui, deux mille ans plus tard, que faisons-nous ? Jésus nous a dit que le Royaume est tout proche. Nous n'attendons plus le Messie ! Plus besoin d'attendre le Messie, aujourd'hui et pour toujours.

« Ainsi prenez bien garde à votre conduite » nous avertit saint Paul en Ephésiens 5, 15-16 : *« qu'elle soit celle non*

d'insensés mais de sages, qui tirent bon parti de la période présente ». Dans l'expression, « tirer bon parti de », Paul emploie une forme du verbe grec *exagoraz*, qui porte un sens de rédemption ou de libération du temps présent.

> « *Laissons là les œuvres de ténèbres et revêtons les armes de lumière. Comme il sied en plein jour, conduisons-nous avec dignité : point de ripailles ni d'orgies, pas de luxure ni de débauche, pas de querelles ni de jalousies. Mais revêtez-vous du Seigneur Jésus Christ et ne vous souciez pas de la chair pour en satisfaire les convoitises.* » (Rm 13, 12-14)
>
> « *Ne nous lassons pas de faire le bien ; en son temps viendra la récolte, si nous ne nous relâchons pas. Ainsi donc, tant que nous en avons l'occasion, pratiquons le bien à l'égard de tous et surtout de nos frères dans la foi.* » (Ga 6, 9-10)

Notre vocation est d'aimer et de servir Dieu et notre prochain ; aimer notre prochain comme nous-mêmes ; parler au monde de Jésus, délivrer les captifs, nourrir les affamés, habiller ceux qui sont nus. Il nous incombe de donner à celui qui nous demande, de faire deux mille pas avec celui qui nous réquisitionne pour mille, et recouvrir de notre manteau et de notre tunique ceux qui sont dans le besoin. Et c'est maintenant qu'il nous faut le faire.

« *Ce n'est pas en me disant : "Seigneur, Seigneur", qu'on entrera dans le Royaume des Cieux* », nous dit Jésus en Matthieu 7, 21, « *mais c'est en faisant la volonté de mon Père qui est dans les cieux.* »

Cependant, mettre l'un ou l'autre de ces commandements en pratique tout en continuant à exercer les ministères que Dieu nous a confiés : père, mère, travaillant au foyer ou à l'extérieur, étudiant, professeur, et tout le reste, demande un effort conscient. Nous le savons tous trop bien : tout comme nous aimerions organiser « très bientôt ce pique-nique au parc un de ces beaux dimanches ensoleillés », nous ne ferons aucune de ces bonnes œuvres tant que nous n'aurons pas dégagé du temps pour cela. Et, pour ce faire, il nous faut apprendre à organiser notre temps efficacement et devenir acteurs de nos vies.

Comment décidez-vous de la répartition des mille quatre cent quarante minutes que Dieu donne à chacun chaque jour ? En fonction de quels critères prenez-vous les décisions concernant votre gestion du temps ? Si vous n'y réfléchissez pas, quelqu'un d'autre décidera de votre emploi du temps à votre place. Chaque urgence, réelle ou perçue comme telle, chaque désir ou même chaque caprice des personnes qui comptent le plus dans votre vie détermineront vos actions. Vous risquez tout simplement de prendre en compte l'appel le plus bruyant et le plus insistant et non celui qui mérite réellement que vous lui accordiez du temps.

Vous risquez de ne jamais entendre la petite voix discrète de Dieu qui vous appelle.

Quand planifie-t-on dans la Bible ?

Vous rappelez-vous les vierges folles (« fiancées » dans certaines traductions) : les cinq qui prirent leurs lampes pour aller à la rencontre de l'époux sans avoir emporté de réserve d'huile ? Lorsque leurs lanternes s'éteignirent, elles demandèrent aux cinq vierges sages et prévoyantes de leur donner de l'huile. Une leçon de partage ? Pas cette fois. Les cinq avisées ont gardé leur huile afin de veiller à ne pas en manquer elles-mêmes ni à être plongées dans les ténèbres.

Les cinq vierges folles se précipitèrent en ville (un magasin d'huile ouvert 24 h/24 ?) afin de refaire leurs stocks. Cependant, l'époux arriva alors qu'elles étaient parties, et il entra dans la salle des noces avec les cinq vierges sages, en fermant la porte derrière elles.

« Finalement les autres vierges arrivèrent aussi et dirent : "Seigneur, Seigneur, ouvre-nous !" Mais il répondit : "En vérité je vous le dis, je ne vous connais pas !" Veillez donc, car vous ne savez ni le jour ni l'heure. » (Mt 25, 11-13)

Les scouts ont raison : Toujours prêt

« Heureux ces serviteurs que le maître en arrivant trouvera en train de veiller ! En vérité, je vous le dis, il se ceindra, les fera mettre à table et, passant de l'un à l'autre, il les servira. » (Lc 12, 37)

« Vous aussi, tenez-vous prêts » conclut Jésus, *« car c'est à l'heure que vous ne pensez pas que le Fils de l'homme va venir. »* (Lc 12, 40)

Plus tard, dans Luc 14, 28 et suivants, Jésus nous offre deux autres modèles de planification. L'architecte doit évaluer le coût de son travail avant de commencer à construire la tour, afin de ne pas se retrouver à court d'argent ou de matériel ni devoir abandonner le projet en cours de route, ce qui l'exposerait au ridicule. Le roi doit calculer si, avec ses dix mille hommes, il peut arrêter l'avancée d'une armée deux fois plus importante. S'il ne le peut pas, le roi avisé demandera l'armistice plutôt que d'engager le combat.

Il semblerait cependant que toutes les planifications ne fonctionnent pas, comme en témoigne l'histoire de ce riche fermier dans Luc 12, 16 et s., qui jouit d'une année de récoltes abondantes. Il décide de démolir ses granges pour en construire de plus grandes afin d'abriter tout le grain pour ne plus rien faire et se reposer pour le restant de ses jours.

> *« Mais Dieu lui dit : "Insensé, cette nuit même, on va te redemander ton âme. Et ce que tu as amassé, qui l'aura ?" Ainsi en est-il de celui qui thésaurise pour lui-même, au lieu de s'enrichir en vue de Dieu. »* (Lc 12, 20-21)

Il nous incombe donc de prévoir, mais pas pour nous assurer un trésor sur la terre. Jésus nous demande d'être comme le lys des champs et les oiseaux du ciel, qui espèrent en la Providence de Dieu. Il nous est demandé d'amasser des trésors dans le Ciel, car *« là où est ton trésor, là aussi sera ton cœur »* (Mt 6, 21).

C'est maintenant le moment favorable, c'est maintenant le temps *kaïros*. C'est maintenant, et pas plus tard, qu'il nous faut apporter la rédemption à notre temps et à notre vie. Cependant, amasser un trésor dans le Ciel – par la prière, l'adoration et l'étude des Écritures, en nourrissant les affamés et en habillant les pauvres – demande du temps. Si vous avez du mal à le trouver, c'est qu'il vous manque encore de mettre en pratique une sage gestion du temps.

Faire le bilan

Placez-vous votre temps là où vous placez vos valeurs ? Comment gérez-vous le temps *chronos* en vue de vous préparer à vivre le temps *kaïros* ?

Deux chercheurs éminents qui se penchent sur la façon dont nous passons notre temps sont en désaccord sur la quantité de « temps libre » dont nous disposons. L'un d'entre eux démontre qu'avec l'augmentation de notre temps hebdomadaire de travail et la généralisation des familles à deux salaires, le temps de loisirs se réduit ; nous trouvons pris dans le cercle vicieux du « travailler – dépenser[10] ». L'autre, au contraire, affirme que « notre impression d'avoir moins de temps disponible semble s'être accrue parallèlement à l'augmentation de notre quantité de temps libre[11]. »

Plus de temps libre, mais moins de temps disponible. Ils ne peuvent pas avoir tous les deux raison, n'est-ce pas ?

Selon Robinson, l'une des raisons de cette apparente contradiction est que nous consacrons, en moyenne, presque 40 % de notre temps libre à regarder la télévision ; cependant, il semblerait que nous ne considérons pas ce temps comme « libre ».

Une étude réalisée sur deux ans par un institut de sondage a révélé que nous passons entre 26 et 34 % de notre temps libre devant le petit écran ; la quantité quotidienne varie selon les jours, le pic étant atteint le jeudi. La lecture et la vie sociale arrivent en deuxième place, très loin derrière, avec beaucoup moins de 10 % chacun.

Que vous vous sentiez concerné ou surpris par ces chiffres, ce qui compte réellement, ce sont vos chiffres à

---

10. Juliet B. Schor, *The Overworked American* (« L'Américain qui travaille trop »), éd. Basic Books, New York, 1991, un best-seller à ce sujet.

11. Le chercheur John P. Robinson, chef du bureau d'études sur l'utilisation du temps des Américains au centre d'études et de recherches de l'université du Maryland, cité dans le New York Times du 3 juillet 1991.

vous : la façon dont vous passez votre précieux temps. Ce pourrait être intéressant que vous gardiez, pendant deux ou trois semaines, une trace écrite de la façon dont vous utilisez votre temps, afin d'avoir des données brutes de départ, et ce avant de commencer à changer quoi que ce soit.

Quoi que cette introspection puisse vous révéler sur vous-mêmes, elle vous permettra probablement de mettre au jour certains enjeux fondamentaux de gestion du temps.

Les deux extrêmes : le CEO et le CCD

Peut-être vous situez-vous à une extrémité du spectre de la ponctualité et de l'ordre, et que vous êtes un Chrétien Extrêmement Ordonné (CEO), qui sait tenir son bureau impeccable et respecter toutes ses échéances. Si vous vous reconnaissez là, votre devise pourrait être : « Une place pour chaque chose et chaque chose à sa place ». L'espace que vous occupez est balisé d'onglets et de dossiers de couleurs. Pour vous, commencer en avance, c'est être à l'heure, et être en retard est inexcusable.

Et c'est là, peut-être, que vos ennuis commencent. Ce que nous vous ne tolérez pas pour vous-même, vous aurez peut-être du mal à l'excuser chez d'autres. Si c'est le cas, il se peut que vous perdiez beaucoup de temps et d'énergie psychique à attendre et à fulminer. Vous pouvez également avoir des difficultés à remettre en cause votre programme (ne serait-ce qu'un tout petit peu), pour gérer l'imprévu dans votre vie. La discipline peut s'accompagner de rigidité.

Les personnes les plus à même de faire tourner en bourrique un CEO tombent en général dans la catégorie du CCD (Chrétien Chroniquement Désorganisé). Si c'est là votre façon d'être, votre devise serait : « Une place pour toute chose, et les choses prennent toute la place ». Vous vous entendez dire à votre collègue CEO : « D'accord, mon bureau est en désordre, mais je sais exactement où tout se trouve. » Pour vous, un emploi du temps n'est là qu'à titre purement indicatif. La vie vient comme elle vient, et d'une façon ou d'une autre vous êtes toujours hors des clous. Vous savez approximativement quand vous arriverez, mais votre ponctualité n'est pas meilleure que celle de la plupart des compagnies aériennes.

Vous vous situez probablement quelque part entre ces deux extrémités du spectre espace-temps, et nul doute que vous présentiez des caractéristiques de chaque. Procédez à une évaluation honnête de vous-même, et décidez ce qui va bien chez vous et ce qui ne va pas. Par exemple : trouvez-vous réellement un dossier précis sans avoir à fouiller des piles de désordre ? Décidez de changer ce qui ne fonctionne pas.

C'est le but que nous poursuivrons dans la prochaine partie de ce livre.

Exercice

Votre vie quotidienne vous offre plus de souplesse que vous ne le pensez. Voyons si vous pouvez trouver une marge de manœuvre, afin de pouvoir commencer à passer votre temps d'une façon qui soit plus en cohérence avec vos valeurs.

Si vous êtes avocat ou comptable, vous êtes familier du concept d'« heures de facturation ». Vous gardez une trace du temps que vous passez à travailler afin de savoir à quel client vous allez facturer ce temps.

Pour les deux semaines qui viennent, que vous soyez avocat, comptable, au foyer, charpentier, ou cuisinier à la commande, je vous invite à tenir un journal de la façon dont vous passez votre temps. Il ne fera pas l'objet d'une facturation, mais vous découvrirez peut-être exactement ce que vous gagnez en contrepartie des minutes que vous occupez.

Pour rester bref et concis, utilisez des catégories générales telles qu'« hygiène personnelle », « entretien de la maison », ou « lecture de détente » par exemple, et comptabilisez le temps par quart d'heure le plus proche du temps que vous avez utilisé.

Il peut vous sembler pratique de porter sur vous un carnet ou un PDA et de noter les activités au fur et à mesure ; ou bien il sera plus facile pour vous de simplement vous asseoir pendant deux ou trois minutes par jour pour remplir votre journal des heures qui viennent de s'écouler.

Reprenez votre liste à la fin de chaque journée et classez chaque activité dans l'une des catégories d'importance ou d'urgence (en notant « IU » pour « important et urgent », par exemple).

Au bout de quelques jours, il se peut que vous commenciez à voir un schéma se dégager de ces notes ; par exemple la prépondérance de l'une des catégories et l'insuffisance d'une autre. De telles informations vous seront utiles pour établir votre gestion du temps à l'avenir.

Vous pouvez également souhaiter créer une grille afin de mettre en évidence ces schémas. Par exemple, en plus de votre liste, vous pouvez faire le tableau de votre journée en classant les activités par catégorie. Pour chaque demi-heure, mettez une croix dans l'une des quatre catégories.

lundi	matin	8h00	8h30	9h00	9h30	10h00	10h30	11h00	11h30
	IU								
	U/-I								
	I/-U								
	-I/-U								
	A-midi	12h00	12h30	13h00	13h30	14h00	14h30	15h00	15h30
	IU								
	U/-I								
	I/-U								
	-I/-U								
	A-midi	16h00	16h30	17h00	17h30	18h00	18h30	19h00	19h30
	IU								
	U/-I								
	I/-U								
	I/-U								
	-I/-U								

Par exemple :

Pendant ces deux semaines au cours desquelles vous ferez l'inventaire de la façon dont vous utilisez votre temps, relisez votre vie à la lumière des dix vérités et des dix secrets de gestion du temps énoncés au chapitre suivant de cet ouvrage.

Deuxième partie

Comment maîtriser le temps *chronos*

Chapitre 4

Dix vérités, dix secrets et la loi fondamentale de la gestion du temps

Vérité 1 :

Gérer son temps, ce n'est pas toujours gérer un manque de temps.

Secret 1 :

Prenez en main les tâches que vous avez évitées parce que vous étiez « trop occupé ». En particulier, cessez de perdre du temps sur le « seulement urgent » et aménagez du temps pour l'« important mais non urgent ».

Maintenant que vous entreprenez de gérer efficacement le temps précieux que Dieu vous accorde chaque jour, ôtez du débat les expressions « je n'ai pas assez de temps » et « je suis trop occupé ». Vous avez autant de temps que vous en aurez toute votre vie, et autant que vous en avez besoin.

Souvent, se plaindre en disant « je n'ai pas assez de temps » ou d'autres phrases similaires, masque un problème plus profond : une aversion à accomplir des tâches en attente.

Vous savez toujours ce que vous avez à faire, de la même façon que vous savez toujours quelle est la chose juste et bonne à accomplir dans toute situation. Dieu a profondément enraciné cette connaissance en chacun de nous. L'enjeu est d'écouter et d'agir, en dépit de sentiments contraires.

Vérité 2 :

Les emplois du temps et les listes de choses à faire font de bons serviteurs mais des maîtres détestables.

Secret 2 :

Ne surchargez pas la liste.

Il vous appartient de contrôler votre liste de choses à faire ; ce n'est pas elle qui vous contrôle. Conservez à cette liste une certaine souplesse. Considérez-la comme une carte routière, un guide. Fixez la destination que vous souhaitez atteindre aujourd'hui, mais gardez à l'esprit que vous ne pourrez peut-être pas aller aussi loin, ou que Dieu peut avoir prévu une autre destination pour vous.

Si vous n'avez pas accompli tout ce qui est sur la liste, c'est pour cela que Dieu a créé demain. Louez-le et rendez-lui grâce pour la journée que vous venez d'avoir, pour le travail que vous avez pu accomplir, pour tout le bien que vous avez fait, pour tous ceux dont vous avez peut-être soulagé le fardeau au long du chemin, et allez vous coucher.

Vérité 3 :

Vous ne « trouverez » jamais de temps.

Secret 3 :

Il vous faut « aménager » du temps pour tout ce que vous souhaitez ou avez besoin de faire.

Ce n'est pas le temps qui manque. Il est ici. Vous ne vous en rendez pas compte parce que vous vivez dans le temps de la même façon qu'un poisson vit dans l'eau. Vous avez le temps – c'est-à-dire la vie – en abondance parce que c'est un don de Dieu. Vous ne l'avez pas gagné ni mérité ; et cela ne se pourra jamais. C'est le don de Dieu, offert librement par amour.

Vérité 4 :

Les autres vous feront attendre.

Secret 4 :

Transformez votre attente en repos.

L'attente fait partie du prix à payer pour qui vit en société et dépend des autres. C'est stressant, mais vivre seul pourrait l'être encore davantage. Vous attendez dans les files d'attente, les embouteillages, vous attendez la baby-sitter, le début de la réunion, le coup de téléphone ou le mail qui n'arrive pas. Acceptez-le.

Acceptez également que vous allez aussi faire attendre d'autres personnes. Vous ne le ferez pas intentionnellement. Vous ne voulez causer de désagrément à personne. Vous essayez juste de vivre votre vie. Chaque fois que vous vous trouvez pris dans un embouteillage, souvenez-vous que vous faites partie de cet embouteillage. Pardonnez à tous ces gens qui vous rendent la vie inconfortable, et priez pour qu'ils vous pardonnent à vous aussi.

Vérité 5 :

Le multitâche peut être contre-productif.

Secret 5 :

Faites une chose à la fois.

Le multitâche peut porter atteinte à votre bien-être physique, mental et spirituel. Vous ne pouvez pas vraiment faire deux choses à la fois – en tout cas pas bien – surtout si ces choses requièrent une quelconque attention mentale. Vous êtes alors amené à diviser votre attention, et donc à la diminuer : les deux tâches entrent en compétition l'une avec l'autre.

Il ne fait aucun doute que vous pratiquez chaque jour le multitâche en série. Cela vous est nécessaire pour que quelque chose (ou même tout) soit fait. Vous êtes interrompu, vous laissez une tâche de côté et en commencez une autre, souvent en une fraction de seconde, parfois même sans en avoir conscience. Cependant pour être efficace, vous devez concentrer toute votre attention à la nouvelle tâche, jusqu'à ce qu'il soit temps de revenir à celle de départ.

Lorsque quelqu'un vous conseille de « vivre dans le présent », il vous demande en réalité de porter complètement votre attention sur ce que vous êtes en train de faire et sur les personnes avec qui vous vous trouvez. Soyez présent à votre activité, voyez ce que vos yeux voient, entendez ce que vos oreilles entendent. Ne vous repassez pas le film de ce qui vient d'arriver et n'anticipez pas ce qui va venir.

Vérité 6 :

Le travail déborde sur le temps disponible.

Secret 6 :

Quand vous avez terminé, passez à autre chose.

Si vous ne fixez pas une limite de temps (ou si personne ne vous la fixe), une tâche vous mangera autant de temps que vous lui offrirez. Vous pourrez toujours en faire un petit peu plus ou faire un petit peu mieux. Vous devez établir des limites raisonnables. Mettez en place un emploi du temps, et tenez-vous y.

Plus vous vous adonnerez à une tâche, et plus vous apprendrez à estimer le temps qu'il vous faut pour l'accomplir et combien d'interruptions et d'attentes vous rencontrerez au cours de sa réalisation ; cela vous servira la prochaine fois que vous accomplirez la même tâche ou une tâche similaire.

Vérité 7 :

Non seulement vous pouvez, mais vous devez prévoir des temps de créativité.

Secret 7 :

Prenez rendez-vous avec votre muse et venez au rendez-vous.

La pensée créative surgit parfois lorsque l'on est frappé d'inspiration. Ce sont ces moments merveilleux qui arrivent quelquefois sans crier gare et où vous vous exclamez « Ah ! », ces petits *eurêka* de la vie lorsqu'un problème épineux se résout miraculeusement, quand le brouillard se dissipe et que la solution émerge d'elle-même. Profitez pleinement de ces trouées de ciel bleu et remerciez Dieu. Mais ne comptez pas dessus.

Cette sorte d'illumination subconsciente ne vous frappe que lorsque vous vous y êtes préparé consciemment. À moins, par exemple, d'écrire de la musique et de jouer de la guitare depuis de nombreuses années, il est très peu probable que vous vous réveilliez un matin avec à l'esprit les paroles et la musique d'un futur « tube ». En revanche, c'est arrivé à Paul Stookey (du célèbre trio des années 70 « Peter, Paul and Mary ») : après des semaines passées à tenter d'écrire une chanson à l'occasion du mariage de son meilleur ami, il s'est réveillé un matin avec en tête des paroles et de la musique. Ce fut la fameuse « Wedding Song » que son ami, après le mariage, l'a encouragé à faire connaître au grand public.

Un esprit créatif pas moins éminent que Louis Pasteur écrivait : « Le hasard favorise l'esprit préparé. » Le problème est que nous sommes souvent si occupés, si surchargés et tellement sous pression que nous ne prêtons aucune attention à nos inspirations. La créativité devient une interruption ou un désagrément.

Lorsque vous n'êtes pas frappé d'illumination – et que vous devez de toute façon trouver une solution tout de suite – vous pouvez devenir créatif dans une certaine limite de temps. Ce n'est pas drôle. Ce peut même être douloureux. Mais vous y arrivez. Vous pouvez avoir l'impression que votre solution est insuffisante, mais c'est une illusion. Vous ne pouvez pas immédiatement juger de la valeur de votre création ; cela reviendrait à demander à une mère de porter un regard objectif sur son bébé qui vient de naître.

La créativité prend parfois du temps. Elle peut demander du calme, voire de la solitude, ou autant de calme et de solitude qu'il vous est possible d'obtenir. Cela signifie que vous devez préparer un temps et un lieu pour la pensée créative. Planifiez la pensée créative sur votre emploi du temps, puis honorez ce rendez-vous de la même façon que vous vous rendriez à un rendez-vous chez le dentiste ou à une réunion avec votre patron.

Vérité 8 :

Chaque lieu de travail contient au moins un « gouffre » de temps et d'énergie.

Secret 8 :

Pour maintenir élevé votre niveau d'énergie, évitez les grincheux et ceux qui se plaignent.

Certaines personnes semblent tout simplement avoir une mauvaise attitude. Ils se lèvent du pied gauche tous les matins, et toute la journée ils se plaignent. Ils trouvent toujours à compliquer les problèmes simples et à rejeter les solutions potentielles.

« Ça ne marchera jamais », vous assurent-ils. « Nous n'avons jamais fait comme ça jusqu'à présent. »

Quand rien de particulier ne vient les déranger, ils se plaignent de la vie en général, des « autres » et de comment « ils » leur compliquent la vie.

Priez pour ces personnes négatives, et faites tout pour ne pas devenir comme elles. Restez autant que possible à l'écart des grincheux et des pleurnicheurs.

Vérité 9 :

Maman avait raison : vous travaillez vraiment mieux et vous sentez plus en forme lorsque vous êtes bien reposé.

Secret 9 :

Reposez-vous quand vous êtes fatigué.

Peut-être que pour travailler plus efficacement, vous avez tout simplement besoin d'une bonne sieste. D'une façon générale, nous ne dormons plus autant que par le passé. Il y a quelques dizaines d'années, l'Américain moyen dormait huit heures par nuit, mais aujourd'hui, nous ne dormons plus que six à six heures et demie par nuit. De plus, dans notre culture, nous ne faisons pas la sieste. Nous pensons que les « petits sommes » sont réservés aux bébés et aux personnes âgées.

C'est dommage, parce que beaucoup d'entre nous passent leur après-midi à lutter contre le sommeil et à tenter de rester éveillés avec du sucre et de la caféine, alors que tout ce dont nous avons réellement besoin est d'un repos de vingt minutes. Si vous ne pouvez pas être assis pendant cinq minutes d'affilée dans une pièce calme sans piquer du nez, c'est que vous manquez de sommeil. Si c'est le cas, faites du temps de sommeil l'une de vos toutes premières priorités.

Vérité 10 :

Au moment où vous ressentez le besoin de prendre des vacances, c'est trop tard pour en prendre.

Secret 10 :

Prenez des vacances quatre fois par jour.

Non, ce n'est pas une faute de frappe. Vous avez besoin de quatre temps de vacances chaque jour de travail. Beaucoup d'entre nous travaillons toute l'année pour obtenir deux ou trois semaines de vacances (avec de la chance). De plus en plus de gens ne prennent pas de vacances du tout. Nous sommes trop occupés, trop accros au travail, trop convaincus que le monde va s'écrouler si nous ne sommes pas là pour gérer les choses.

Pourtant nous avons besoin de ce temps de vacances pour notre santé physique, mentale et spirituelle. Si vous avez la chance d'avoir un travail qui vous donne la possibilité de prendre un temps de vacances, vous seriez bien inspiré de les prendre et d'en profiter !

Cependant, les vacances annuelles ne suffisent pas. Nous avons également besoin de nos week-ends (qu'ils tombent ou non les traditionnels samedi et dimanche). « Ouf, c'est vendredi ! » est devenu un cri de ralliement dans notre culture. Mais là encore, de plus en plus d'entre nous autorisons notre travail à rogner sur nos jours de congé en l'emportant avec nous partout où nous allons.

Pourtant, même prendre des vacances reposantes chaque année et réserver chaque week-end à la détente et au divertissement n'est pas encore suffisant. Lorsque vous atteignez enfin le vendredi après-midi après vous être battu toute la semaine, vous pouvez être noué du stress accumulé, dépendant de la caféine et de l'adrénaline et empêtré dans l'habitude de vous dépêcher, au point de ne pas arriver à vous reposer ni à profiter de votre temps de détente, ni à dormir la nuit, bien que vous soyez épuisé.

C'est la raison pour laquelle vous avez besoin de prendre quatre courtes « vacances » quotidiennes, pour casser le cycle du stress et détendre votre corps et votre esprit. Au chapitre 11, nous passerons en revue sept « pauses sanitaires sanctifiantes » adaptées.

Loi fondamentale de la gestion du temps

Lorsque vous dégagez du temps pour une tâche,
vous ne créez pas plus de temps.
Vous le soustrayez à une autre tâche.

Maintenant, la balle est dans votre camp. Vous pouvez mémoriser ces dix secrets, les graver dans le bronze, les inscrire sur des plaques de marbre à accrocher partout dans votre maison ou à votre bureau : tant que vous ne commencerez pas à les vivre, ils ne vous feront pas une once de bien. Les chapitres suivants de ce livre foisonnent de moyens spécifiques de mettre ces secrets en pratique.

Êtes-vous prêt à commencer ?

Exercice

Vérité 1 :

Gérer son temps, ce n'est pas toujours gérer un manque de temps.

Secret 1 :

Prenez en main les tâches que vous avez évitées parce que vous étiez « trop occupé ». En particulier, cessez de perdre du temps sur le « seulement urgent » et aménagez du temps pour l'« important mais non urgent ».

ƆƷ

Vérité 2 :

Les emplois du temps et les listes de choses à faire font de bons serviteurs mais des maîtres détestables.

Secret 2 :

Ne surchargez pas la liste.

ƆƷ

Vérité 3 :

Vous ne « trouverez » jamais de temps.

Secret 3 :

Il vous faut « aménager » du temps pour tout ce que vous souhaitez ou avez besoin de faire.

Vérité 4 :

Les autres vous feront attendre.

Secret 4 :

Transformez votre attente en repos.

ɞ

Vérité 5 :

Le multitâche peut être contre-productif.

Secret 5 :

Faites une chose à la fois.

ɞ

Vérité 6 :

Le travail déborde sur le temps disponible.

Secret 6 :

À l'heure convenue, passez à autre chose.

ɞ

Vérité 7 :

Non seulement vous pouvez, mais vous devez prévoir des temps de créativité.

Secret 7 :

Prenez rendez-vous avec votre muse et venez au rendez-vous.

Vérité 8 :

Chaque lieu de travail contient au moins un « gouffre » de temps et d'énergie.

Secret 8 :

Pour maintenir élevé votre niveau d'énergie, évitez les grincheux et ceux qui se plaignent.

☙

Vérité 9 :

Maman avait raison : vous travaillez et vous vous sentez vraiment mieux lorsque vous êtes bien reposé.

Secret 9 :

Reposez-vous quand vous êtes fatigué.

☙

Vérité 10 :

Au moment où vous ressentez le besoin de prendre des vacances, c'est trop tard pour en prendre.

Secret 10 :

Prenez des vacances quatre fois par jour.

Loi fondamentale de la gestion du temps :

Lorsque vous dégagez du temps pour une tâche,
vous ne créez pas plus de temps.
Vous le soustrayez à une autre tâche.

Chapitre 5

Maîtriser chaque instant

Je vous invite à présent à regarder de près votre vie quotidienne, en l'examinant attentivement. En particulier, vous mettrez au jour les petites décisions que vous prenez au cours d'une de vos journées. L'objectif sera de vous réapproprier quelques-unes de ces décisions, que vous prenez peut-être actuellement de façon passive, par défaut.

Si vous êtes comme la grande majorité des gens, vous prenez beaucoup de décisions quotidiennes sans même y penser. Les choix de votre journée peuvent commencer la veille au soir : peut-être préparez-vous les vêtements que vous allez porter. Certaines personnes écrivent une liste de choses à faire pour le lendemain. Et avant de vous reposer, peut-être votre dernière tâche est-elle de régler votre réveil, ce qui signifie que vous avez décidé de l'heure à laquelle vous allez vous lever le lendemain.

Imaginez qu'au moment où votre réveil sonne, disons à 6h30, vous décidez d'appuyer sur « snooze » pour grappiller cinq minutes de sommeil en plus. Vous pouvez en fait « décider » de faire cela chaque jour, peut-être plusieurs fois chaque matin. Avez-vous le temps de prendre une douche ? Si oui, allez-vous vous laver les cheveux ? Avec quelle marque de shampooing ? Utiliserez-vous aussi un après-shampooing ?

Vous prenez ce genre de décision machinalement, et c'est bien. Si vous passez du temps et de l'énergie psychique à décider quel dentifrice vous allez utiliser ou si vous allez vous brosser les dents en commençant en haut à gauche ou en bas à droite, vous n'arriverez jamais à rien.

Cependant, certains de ces choix méritent ou même nécessitent que vous y reveniez de temps en temps, pour être bien sûr que vous êtes un bon intendant de votre temps. Par exemple, peut-être avez-vous mis votre réveil à 6h30 le matin depuis des années. Si cela vous convient, il n'y a pas besoin de changer. Mais vous pourriez également le régler trente minutes plus tôt afin de faire place à une nouvelle activité que vous souhaiteriez introduire dans votre vie, ou pour combattre vos retards chroniques au travail. Ou encore pourriez-vous le mettre trente minutes plus tard, en espérant que le sommeil que vous prendrez en plus compensera votre nécessité d'aller plus vite lorsque vous vous lèverez. Vous pouvez aussi ne pas mettre votre réveil, en comptant sur l'habitude de vous lever à la même heure, ou bien pour laisser le « destin » vous réveiller à l'heure : « Seigneur, si tu veux que j'aille travailler demain, réveille-moi à l'heure. Sinon, je considérai que c'est un signe que tu veux que je reste à la maison. »

Je ne suis pas en train de dire que vous devriez ou pourriez adopter l'une ou l'autre de ces options ; je dis simplement que c'est une possibilité. Vous avez toujours le choix. Les conséquences de certaines de ces options pourraient être si terribles, voire si impensables, que vous ne les considérez pas comme des options du tout, cependant elles restent ouvertes.

Si vous éprouvez le besoin de reconsidérer certains choix de votre vie quotidienne, utilisez la méthode simple des trois « R » : Relecture de la situation, Réflexion sur vos choix, et Réponse appropriée accompagnée d'une décision. Rejetez ensuite le quatrième R : le Remords. Ne doutez pas de vous-même, ne passez pas des heures à remettre en cause votre décision.

Passons à présent au crible le processus d'une décision relativement simple mais qui vient bousculer les habitudes. Imaginons que vous essayiez de mettre en place un temps d'exercice physique quotidien. Vous vous promettez d'aller au travail à vélo plutôt qu'en voiture. Excellente idée ! Vous pratiquez là un très bon exercice, vous économisez de l'argent et vous contribuez à préserver l'environnement tout en réduisant la dépendance du pays envers le pétrole étranger.

Et voilà que quand vous vous levez le matin, le ciel est menaçant, vous avez mal à un genou, et vous vous dites qu'après tout, ce n'est peut-être pas le bon jour pour aller travailler à vélo. Alors, vélo ou voiture ? Il vous faut prendre une décision.

Avez-vous d'autres solutions ? Bien sûr. Vous en avez toujours.

Vous pourriez prendre le bus. Vous n'auriez pas l'exercice physique, mais vous économiseriez un peu d'argent tout en agissant contre le changement climatique en ne prenant pas votre voiture. D'un autre côté, il vous faudrait attendre à l'arrêt de bus et vous devriez marcher entre l'arrivée et votre bureau. Vous ne seriez donc pas à l'abri de la pluie.

Vous pourriez aller travailler à pied. Vous auriez l'exercice physique, l'air frais, vous économiseriez de l'argent, vous seriez un ami de la terre, mais vous seriez obligé de partir beaucoup plus tôt, avec toujours le risque de prendre la pluie ; et, ne l'oublions pas, votre genou vous titille.

Prendre un taxi ? Louer une limousine ? Faire du stop (ça existe encore ?) ?

Rester à la maison ? Voir si un de vos voisins qui va travailler à la même heure peut vous prendre dans sa voiture tous les jours ?

À ce stade, il n'est pas très difficile de s'embourber entre les différentes possibilités.

L'art de prendre une décision et de s'y tenir

La nature de la décision que vous allez prendre un jour donné peut ne pas être aussi importante que le fait même d'avoir pris une décision, rapidement et fermement. La difficulté à prendre des décisions peut faire partie intégrante de votre problème de gestion du temps ; c'est peut-être même votre plus gros obstacle à franchir. Il se peut que vous passiez trop de temps et d'énergie psychique à peser les options. Peut-être êtes-vous devenu un expert à vous détailler mentalement chaque possibilité. Puisqu'aucun choix n'est idéal, aucun n'est acceptable. Et après ?

Votre besoin de considérer une par une chaque solution potentielle cache peut-être quelque chose de plus profond : la peur de vous tromper, de mal faire, d'avoir l'air stupide.

Les trois peurs fondamentales qui nous empêchent de prendre une décision

Première source de peur : l'incertitude

« En es-tu bien sûr ? »

Ces cinq petits mots apparemment innocents peuvent couper les ailes à votre capacité à décider.

D'autres ont sans doute l'air beaucoup plus sûrs d'eux-mêmes que vous, mais ce n'est probablement pas le cas. Vous ne percevez d'eux que leurs actions et leur comportement en société. Vous n'êtes pas là quand l'inquiétude les réveille la nuit ; vous ne percevez pas le doute qui peut les ronger, comme il vous ronge vous-même. En revanche, vous avez une conscience aiguë de vos propres peurs.

Deuxième source de peur : l'ignorance

« Si j'avais su »

Cela, nous le connaissons tous. Nous avons parfois l'information ou l'éclairage nécessaire bien trop tard pour en tirer profit. C'est frustrant, voire rageant ! Tout embarras, toute colère que vous pouvez ressentir vous sera utile pour l'avenir dans la mesure où elle vous enseigne sur la façon dont vous avez pris la décision afin de mieux décider la prochaine fois.

Cependant, ces sentiments peuvent également se retourner contre vous si vous les laissez vous couper toute volonté voire toute capacité d'agir la prochaine fois que vous ferez face à un choix similaire. Vous avez peur d'avoir l'air idiot – une fois de plus – parce que vous ne saviez pas tout. Cette peur peut vous paralyser.

Troisième source de peur : l'échec

« Joue pour gagner » dit votre coach.

Cette maxime qui peut sembler évidente cache une vérité fondamentale. Si vous jouez pour éviter de perdre, vous vous raidirez et marcherez sur des œufs. C'est toute la différence entre essayer d'attraper un ballon et essayer d'éviter de le laisser échapper. La première représentation mentale est positive et encourage un effort agressif ; la seconde est négative et favorise l'hésitation.

On nous a souvent appris à éviter l'échec plutôt qu'à rechercher la réussite. Par exemple, au lieu d'apprendre à lire, écrire, et compter avec confiance, l'école peut nous enseigner à éviter les erreurs quand nous apprenons à lire, écrire, additionner ou soustraire. Une activité qui devrait nous apporter de la joie devient source d'angoisse et d'appréhension.

Je me souviens de l'époque où j'apprenais à lire, et où j'essayais de déchiffrer l'histoire de Toto qui avait cassé la pipe à Papa. Quand la maîtresse me demanda de lire à haute voix, j'avais si peur que je pouvais à peine voir ma page. Lorsque – inévitablement – je butais sur les mots et faisais une erreur, les autres enfants riaient ; ils étaient aussi nerveux que moi – le rire peut soulager la tension. Je me sentais idiot. La maîtresse me corrigeait, et je continuais à trébucher tout en essayant d'éviter le prochain terrain miné.

Apprendre à lire et à écrire devrait être une découverte joyeuse de sa propre voix, associée au plaisir d'apprendre. Cela peut au contraire être une lutte constante pour éviter que le stylo rouge de la maîtresse n'entoure nos fautes d'orthographe et ne souligne nos fautes de grammaire. Au lieu d'être un apprentissage du fonctionnement des nombres, l'arithmétique peut devenir une guerre pour obtenir la bonne réponse et éviter les mauvaises, même si nous ne comprenons pas ce que nous faisons ni pourquoi nous le faisons ni où nous allons. On comprend aisément combien ces peurs peuvent s'étendre ensuite à d'autres aspects de notre vie – si ce n'était pas le cas, cela relèverait du miracle.

Les trois clés fondamentales pour combattre ces peurs

1. Vous n'êtes pas obligé d'en être sûr

Lorsque John F. Kennedy a battu Richard Nixon aux élections présidentielles de 1960, il n'avait que 49,7 % des voix, contre 49,6 % pour Nixon. Cela signifie que le pays était à 49,7 % « sûr » qu'il préférait avoir Kennedy plutôt que Nixon comme dirigeant. L'élection de Kennedy a-t-elle fait une grande différence pour le pays et pour le monde ? Bien sûr que oui.

Parfois vous pouvez n'être que 49,7 % « certain » de votre décision. Mais pour agir, vous devez considérer que c'est suffisant.

2. Vous n'êtes pas obligé de tout savoir

C'est impossible, quelle que soit la longueur de vos études.

Avant de vous laisser paralyser par votre peur de ne pas avoir toute l'information nécessaire, souvenez-vous qu'après coup, il est toujours beaucoup plus facile de bien voir les choses qu'avant de prendre la décision. Vous aurez toujours l'information et les remontées après les faits.

Si vous vous obstinez à essayer de réunir toute l'information et à anticiper toutes les issues éventuelles avant d'agir, vous n'agirez jamais. Acceptez cette réalité comme inéluctable. Vous n'êtes pas obligé de tout savoir parce que c'est impossible. Vous n'êtes pas obligé d'être sûr, parce que vous ne le serez jamais. Et, par-dessus tout…

3. Vous n'êtes même pas obligé d'avoir raison

Personne n'a raison à 100 % tout le temps.

Parfois, on ne peut même pas avoir clairement « raison » ou « tort ». On peut simplement agir comme ceci ou comme cela, et voir ensuite comment les choses évoluent.

Vous n'êtes pas obligés d'avoir raison, mais vous avez l'obligation de décider, et ensuite de vous tenir à votre décision, en ne perdant pas de temps ni d'énergie à revenir dessus. Dans notre exemple fictif de savoir comment se rendre à son travail, supposons que vous ayez tablé sur la pluie et pris votre voiture au lieu de vous rendre à votre travail à bicyclette. Le soleil apparaît juste au moment où vous sortez votre voiture du garage. Finalement, ce fut une magnifique journée de printemps, parfaite pour un trajet à vélo. Vous aviez tort. Tout faux.

Et alors ?

Ce ne serait pas la première fois que vous prévoyez mal le temps qu'il va faire, et ce ne sera pas non plus la dernière. Vous n'avez rien perdu d'irremplaçable, demain est un autre jour et une autre décision sera prise. Peut-être Dieu avait-il quelque raison de vouloir que vous preniez la voiture ce jour-là. Et si vous aviez pris le vélo et qu'il avait plu ? Vous seriez arrivé à votre travail trempé et très en colère. C'eût été, pour le moins, embarrassant et inconvenant. Vous n'auriez certainement pas pris le risque de la pluie si vous aviez dû rencontrer un gros client ce matin-là, n'est-ce pas ? Vous auriez certainement fait entrer ce paramètre dans l'équation. Vous êtes mouillé ? Tant pis. Vous sécherez. Vous ne rétrécirez pas, vos couleurs ne se délaveront pas. Cet événement, comme tout le reste, passera.

De deux choses l'une : soit les mauvais choix font une grosse différence avec les bons, soit ils n'en font pas.

Premier cas : les conséquences de ce choix n'ont pas une si grande importance. Même si, avec une merveilleuse clarté, vous voyez après coup qu'un autre choix eût été plus judicieux, laissez tomber. Bannissez les regrets et les remords.

Second cas : c'était une décision importante. Reconnaissez votre erreur, acceptez le blâme et les conséquences négatives et essayez de réparer les choses comme vous le pouvez. Tirez les leçons de cette erreur et continuez à avancer.

Et puis, n'oubliez pas ceci : quelque mauvaise que soit la situation en ce moment, la plupart des décisions, et même des grandes décisions, entrent dans le premier cas. La plupart du temps, vous ne pouvez vraiment pas faire d'erreur grave. La seule erreur que vous faites en réalité est de ne pas prendre de décision.

Souvenez-vous de ce poème de Robert Frost : « J'ai pris la route la moins fréquentée, et c'est cela qui a fait toute la différence. » Certaines décisions sont très importantes. La décision de se marier (ou de ne pas se marier, ou pas encore, ou avec quelqu'un d'autre), de déménager de la campagne pour s'installer en ville (ou de la ville vers la campagne, ou d'une ville à l'autre), d'accepter cet emploi (ou un autre emploi, ou une autre carrière, ou de devenir vendeur de pralines sur la plage), tout cela peut avoir de grandes conséquences. Cependant, vous n'en verrez les conséquences à long terme que lorsque vous aurez pris la décision et que vous aurez commencé à la vivre. Parfois, les conséquences inattendues, bonnes ou mauvaises, ne deviennent évidentes qu'après des années.

Quelle que soit la décision que vous prenez, votre vie aura sa part de souffrances et de combats. Aucune décision ne vous en protégera. Cependant, votre vie aura aussi des joies, de la croissance, de l'apprentissage, « l'exaltation de la victoire[12] », qui coexiste avec « l'amertume de la défaite ».

Vue sous cet angle, aucune décision n'est jamais vraiment une erreur.

Ne te contente pas d'intervenir : vends ton intervention !

Qui, plus qu'un responsable dans le monde du sport, sait ce que représente le fait de prendre une décision difficile sous forte pression ?

Si vous cherchez des conseils en matière de prise de décision, demandez à un juge de touche ou à un arbitre. Un arbitre américain de haut niveau[13] nous apprend qu'en matière d'action au cours d'un match, tout se joue dans la préparation : bien connaître les règles, être en situation de pouvoir intervenir, et être aussi rapide - sinon plus - que les joueurs eux-mêmes.

Il ajoute une chose à laquelle je n'aurais jamais songé : il ne s'agit pas seulement d'intervenir, encore faut-il *vendre* son intervention, en l'accomplissant de façon claire et emphatique, afin que personne ne puisse mal la comprendre ni mettre en doute notre autorité en ce domaine. Nous ne prétendons pas à l'infaillibilité ; nous ne faisons qu'affirmer notre droit et notre responsabilité de prendre la décision et de la faire clairement comprendre aux personnes concernées.

---

12. Selon l'expression de Jim McKAY, journaliste sportif américain (1921-2008) au début de chaque édition de l'ABC du monde des sports.
13. Barry MANO, rédacteur en chef du magazine Referee (« Arbitre ») et fondateur de la National Association of Sports Officials.

Une fois cette décision prise, il faut s'y tenir. Les cadres du monde du sport doivent parfois faire face à la colère des foules ou aux huées des supporteurs. Les capitaines et les entraîneurs argumentent avec véhémence. Dans l'exercice des responsabilités qui sont les vôtres, la critique et la désapprobation auxquelles vous pouvez être confronté peuvent être beaucoup plus subtiles mais non moins intimidantes.

Cela signifie-t-il que vous ne ferez jamais d'erreur ? Bien sûr que non. Cela ne veut même pas dire que vous ne serez jamais tenté de mettre en doute votre décision, surtout si vous rencontrez autour de vous une forte pression d'opinion contraire. Cela veut dire que vous prendrez les décisions en temps et en heure au lieu de laisser le doute et l'anxiété vous paralyser. Si vous vous rendez compte plus tard que votre intervention n'était pas appropriée, reconnaissez-le, réparez-en les conséquences dans la mesure du possible et continuez d'avancer.

Le mot le plus puissant du monde

Certaines des décisions les plus importantes à prendre au quotidien se présentent lorsque d'autres personnes viennent formuler des demandes qui réclament de votre temps. Dans ces cas-là, il vous faut apprendre à lâcher le mot le plus puissant que vous ayez jamais prononcé, celui que beaucoup d'enfants de deux ans utilisent à l'exclusion de tous les autres.

Ce mot est « non ».

Pour certains adultes, c'est le mot le plus difficile à dire en réponse à une demande d'aide. Et ce n'est pas forcément parce qu'ils sont incroyablement gentils. Pour au moins quatre autres raisons, vous pouvez vous étrangler sur le mot « non » qui finalement se transforme en « Bien sûr. Avec plaisir. »

Raison 1 : une quête d'amour déplacée

Nous essayons de gagner la gratitude et l'approbation – voire le respect – d'autrui en prenant sur nous leur fardeau. Nous voulons tous nous faire accepter, et nous pouvons craindre, au fond de nous, que si nous ne faisons pas ce travail supplémentaire, les autres n'auront plus besoin de nous.

Raison 2 : la culpabilité

Bien sûr, c'est pour la bonne cause. Et ils n'auraient certainement pas demandé votre aide s'ils n'en avaient pas réellement besoin. Et bien sûr, vous les laissez tomber si vous ne dites pas oui. Cependant, parfois, il vous faut quand même dire non.

Raison 3 : le mythe de se croire indispensable

Plutôt que par la gentillesse, il se peut que vos efforts soient en partie motivés par une forme subtile d'orgueil. Vous prenez ce travail supplémentaire parce que vous avez l'impression que vous êtes la seule personne à pouvoir bien le faire. Comme le dit le vieux dicton : « On n'est jamais mieux servi que par soi-même. »

Raison 4 : la peur d'être inutile

C'est l'autre facette de la raison 3. Vous pouvez avoir l'impression que si vous ne faites pas ce travail, quelqu'un d'autre prendra la place et le fera aussi bien, sinon mieux, que vous. Les autres finiront par se rendre compte qu'ils n'ont vraiment pas besoin de vous.

Bien que les raisons 3 et 4 semblent s'exclure mutuellement, il est tout à fait possible d'être animé par ces deux motivations en même temps !

Comment dire non

Parfois, il vous faut dire non, même à une demande légitime ou pour une bonne cause. Le temps consacré à cette nouvelle tâche doit être retranché d'une autre – peut-être du sommeil, d'un temps familial ou de la prière. Il ne vous sera pas accordé un nouveau temps en échange, et vous ne pouvez pas le créer.

Si vous voulez accepter cette nouvelle tâche, décidez de ce que vous êtes prêt à abandonner en échange – si tant est qu'il existe quelque chose que vous soyez disposé à abandonner. En clair, la question est : « Si je commence à faire cela, qu'est-ce que je vais arrêter de faire ? » Si la réponse est « rien », alors il vous faut dire non. Voici comment vous y prendre :

1. Faire taire le « oui » automatique

Pour certains d'entre nous, dire « avec plaisir » est un réflexe, aussi naturel que l'éternuement. Ce réflexe nous cause de gros ennuis. Aussi difficile que ce soit de dire non lorsque la demande nous est faite, il est encore plus difficile de le dire plus tard, après avoir déjà donné une réponse positive. Aussi la première étape pour dire non est-elle de respirer profondément et de ne rien dire.

2. Gagnez du temps

À moins d'être absolument certain de votre décision, d'une façon ou d'une autre, prenez le temps d'y réfléchir et consultez ceux qui, dans votre vie, seront affectés par cette décision. La réponse raisonnable et souvent nécessaire serait : « Laissez-moi vous recontacter demain. »

3. Si la réponse est non, dites « non »

Dites-le avec grâce et reconnaissance (« Je suis flatté que vous me l'ayez demandé. Merci d'avoir pensé à moi. ») Mais *dites*-le. Puis, arrêtez de parler.

4. Vous n'êtes pas obligé de donner des raisons

Quand nous prenons notre courage à deux mains pour décliner une demande qui nous prendrait notre temps, nous faisons presque invariablement suivre le mot « non » par « parce que ».

Nous ne devrions pas.

Bien sûr, nous ne voulons pas être grossiers, et bien sûr nous voulons que les autres comprennent la sagesse et même la légitimité de notre décision, alors nous pouvons être tentés de vouloir le prouver :

✓ « Je suis trop occupé. »

✓ « J'ai les scouts ce soir-là. »

✓ « Je ne pense pas que je le ferai très bien. »

Votre ardent demandeur pourra contrer chaque argument.

✓ « Je sais que tu es très occupé, mais tu connais le dicton : “Demandez à une personne occupée !” Et je t'assure, cela ne va pas être long. »

Et maintenant ? Si vous continuez à argumenter, vous sous-entendez que votre demandeur vous ment sur le temps nécessaire.

✓ « Nous pouvons déplacer la réunion afin d'arranger ton emploi du temps. »

Là aussi, vous êtes piégé. Si vous ne cédez pas, vous serez pris en flagrant délit d'excuse bidon.

✓ « Intelligent et organisé comme tu l'es, tu es parfait pour ce travail ! »

Mais non, je suis vraiment un idiot. Faites-moi confiance là-dessus.

Vous voici à présent pris dans une dispute, ou tout au moins une discussion. Et si jamais vous tombez à court d'arguments et perdez la bataille ? Vous devrez soit céder, soit admettre tacitement que vous n'avez pas vraiment de bonnes raisons de décliner la demande. Vous et votre interlocuteur en sortirez tous deux beaucoup plus fâchés que vous ne l'auriez été, et vous seul, en disant non.

Ne donnez pas de raisons. Contentez-vous de dire non.

Les quelques mots qui peuvent dévorer votre temps

Nous venons d'aborder des demandes directes sur votre temps, du style :

✓ « Voulez-vous bien faire partie du conseil paroissial ? »

✓ « Pourriez-vous entraîner l'équipe de foot des lycéens cette année ? »

✓ « Je déménage samedi. Peux-tu m'aider ? »

Peut-être encore plus difficiles à gérer sont les demandes ambiguës : « Tu es occupé ? » ou même le plus insidieux :

« Tu as une minute ? »

Comme vous êtes une personne consciencieuse et attentionnée, vous étouffez les réponses sarcastiques ou frontales du style : « J'ai le même nombre de minutes que toi ! Qu'est-ce que tu veux ? » Au lieu de cela, vous répondez quelque chose comme : « Bien sûr. Que puis-je faire pour toi ? »

Vous venez de signer un chèque en blanc, qui sera tiré sur votre temps plutôt que sur votre compte en banque. Maintenant, votre demandeur va y écrire le montant. Signez plusieurs de ces chèques, et le compte de votre temps sera dans le rouge à la fin de votre journée.

C'est le genre de cas où il convient de répondre à une question par une autre question. Pour décider si vous allez parler maintenant, plus tard ou pas du tout, vous avez besoin de deux informations cruciales qui ne sont pas contenues dans la question floue : « As-tu une minute ? » :

1 – De combien de minutes exactement as-tu besoin ?

2 - À quoi passerions-nous ces minutes ?

Si vous ne posez pas ces questions, vous ne gérez pas efficacement votre temps.

Vous pouvez trouver de nombreuses façons polies de poser ces questions. Par exemple : « En quoi puis-je t'aider ? » se concentre sur les besoins de l'autre personne tout en demandant l'information dont vous avez besoin. « De quoi voudrais-tu parler ? » est plus abrupt mais probablement approprié dans de nombreux contextes.

Nous pouvons gagner un peu de temps en disant quelque chose du style : « Puis-je revenir vers toi dans une demi-heure ? Je suis en plein milieu d'une tâche. » En disant cela, cependant, vous signez un bon d'achat sans en connaître le montant.

Il est également tout à fait approprié d'établir votre propre limite de temps : « Tout de suite, je n'ai que cinq minutes devant moi. Si tu as besoin de plus de temps, il faudra attendre un peu. »

Le même type de stratégie peut s'appliquer pour répondre à l'affirmation : « Il faut qu'on se voie. » Faites valoir votre droit à poser des questions et à décider en fonction des réponses avant d'ouvrir votre agenda et de commencer à chercher un créneau à remplir. Vous avez besoin de savoir :

✓ L'objet de la réunion ;

✓ Pourquoi cet objet mérite une réunion (au lieu d'une brève conversation tout de suite, par exemple, ou un mail groupé) ;

✓ Pourquoi vous devez être présent à cette réunion.

Alors que vous affûtez vos réponses efficaces et pleines de tact, vous trouverez également de bonnes façons de demander à quelqu'un un peu de son temps, plutôt que vous rendre coupable de la même grossièreté du : « Tu as une minute ? » Par exemple : « J'ai besoin d'environ cinq minutes de ton temps pour discuter du projet X avec toi. Est-ce que c'est le bon moment ? »

Ce chapitre pourrait sembler globalement négatif ; après tout, nous passons en revue les façons de dire non. Mais en disant non à la demande de quelqu'un, vous pouvez dire oui au fait de consacrer ce temps aux personnes ou aux activités les plus importantes pour vous.

Qui mérite vraiment que vous lui consacriez votre temps ? Est-ce la personne qui le demande en premier, ou bien celle qui crie le plus fort et insiste le plus ? Y a-t-il des personnes silencieuses dans votre vie qui ont besoin et méritent davantage d'attention de votre part qu'elles n'en ont actuellement ? En prenant sur l'un, vous avez plus de temps à donner à l'autre.

Exercice

Il est temps de vous réapproprier certaines décisions quotidiennes que vous prenez machinalement, sans même vous rendre compte que vous avez plusieurs choix. Prenez votre temps pour faire cet exercice ; l'idéal est que vous le fassiez sur plusieurs jours.

Le jour de la décision

Chaque fois que vous êtes devant un choix, il vous faut prendre une décision. Lorsque vous avez la possibilité de faire autre chose, ou de faire la même chose autrement, vous décidez de ce que vous faites et de la façon dont vous le faites. Combien de décisions de ce genre prenez-vous chaque jour ? Vingt-cinq ? Cinquante ? Peut-être cent ?

Et si vous énumériez les décisions relativement simples et quotidiennes, telles que :

Soit : je pars travailler maintenant (et me laisse un bon laps de temps qui me permet d'être sûr d'être à l'heure sans avoir à me dépêcher).

Soit : je prends une autre tasse de café et finis mon article de journal (et alors il me faudra une baguette magique pour faire que tous les feux rouges passent au vert au bon moment).

Vous pouvez prendre deux cents à trois cents décisions de ce genre chaque jour.

Trouvons lesquelles. Prenez une journée type (pour autant qu'une journée puisse réellement être « type » ou « comme les autres »). Faites une pause à midi et écrivez toutes les décisions que vous vous souvenez avoir prises depuis que vous êtes levé ce matin-là. Mettez-en autant que vous pouvez. Souvenez-vous que s'il y a une chose que vous auriez pu faire différemment, ou bien si vous aviez pu faire autre chose à la place, c'est une décision. Répétez cet exercice après le dîner, en faisant la liste de toutes vos décisions depuis midi. Prenez à présent le temps de rédiger.

Les décisions du matin

....

....

....

....

....

....

Les décisions de l'après-midi

....

....

....

....

....

....

Mettez ces deux listes de côté jusqu'au lendemain.

En relisant votre liste, êtes-vous surpris par le nombre et le genre de décisions que vous vous souvenez avoir prises ? Combien d'entre elles ne vous ont pas semblé être des décisions du tout mais simplement ce que vous avez toujours fait ?

Écrivez-les maintenant.

....

....

....

....

Si vous voulez rendre cet exercice plus exigeant mais plus complet, emportez un carnet avec vous partout où vous allez pendant une journée et écrivez toutes vos décisions au moment où vous les prenez (peut-être toutes les demi-heures, comme vous l'avez fait avec votre journal d'activités). Cet exercice peut être terriblement ennuyeux, et vous pouvez devenir scrupuleux en chacun de vos actes. Vous pouvez même changer votre façon d'agir. Souvenez-vous que vous ne le ferez que pendant une journée, et que les éléments que vous allez recueillir pourront vous aider, plus tard, à prendre des décisions concernant la gestion de votre temps.

La petite voix discrète

Parfois votre vie peut ressembler à un carnaval, avec des haut-parleurs vous criant dessus de tous côtés. Vous avez des « haut-parleurs » à la télévision et à la radio, sur votre e-mail, et à travers vos sollicitations téléphoniques, qui vous font d'incessantes demandes de votre temps et de votre argent.

Si vous avez des enfants à charge, ils requièrent presque constamment votre attention et votre vigilance.

Vos enfants méritent cette attention et ils en ont besoin. Ce n'est pas le cas des haut-parleurs du carnaval.

Faites la liste des personnes qui demandent régulièrement votre attention mais ne la méritent pas. C'est votre liste, personne d'autre ne doit la voir, alors sentez-vous libre d'y mettre votre beau-frère, un voisin, un collègue – toute personne qui puisse entrer dans cette catégorie. Rédigez à présent la liste de vos « voleurs de temps » :

Les voleurs de temps

....

....

....

....

....

....

Vous avez certainement déjà développé des stratégies pour éviter ces assauts contre votre temps et pour préserver votre environnement.

À présent, pensez aux personnes qui ont besoin de votre attention mais ne la reçoivent pas. On peut les appeler « les silencieux ». Par exemple :

✓ Cet ami qui ne prend jamais l'initiative de téléphoner (peut-être trop timide, ou qui déteste le téléphone) mais qui veut et a besoin de vous parler.

- ✓ Cette élève assise les mains croisées sur son bureau, qui ne vous cause jamais d'ennuis et a l'air de comprendre la leçon.
- ✓ Le collègue qui, dernièrement, s'est tenu anormalement silencieux et en retrait.
- ✓ Le jeune homme assis sans bruit au coin de la rue en tendant son gobelet en plastique et qui peut avoir besoin, plus que de la petite monnaie que vous pourriez lui donner, d'un mot gentil ou d'un sourire.

Y a-t-il de telles personnes dans votre vie ? Peut-être suffisamment pour que cela vaille la peine d'en faire une liste. Dressez-la donc maintenant.

Les silencieux

....

....

....

....

....

....

....

Leur silence peut représenter la petite voix discrète de Dieu dans votre vie, qui vous offre une occasion d'aimer et de servir, ou même qui vous appelle à entrer en relation. Avez-vous du temps pour ces personnes silencieuses ? Le fait de dégager du temps pour quelques-unes d'entre elles pourrait-il devenir l'une de vos priorités dans l'organisation de votre temps ?

Nous venons de retirer un gros obstacle de notre chemin. Le chapitre suivant vous donnera d'autres moyens de libérer du temps en éliminant les tâches que vous ne devriez pas faire.

Chapitre 6

Éliminer ce qui nous fait perdre du temps

Combien de tâches quotidiennes accomplissez-vous uniquement parce que « vous avez toujours fait comme ça » ? Vous avez de solides raisons d'avoir mis en place de bonnes habitudes telles que vous coiffer ou vous brosser les dents, et vous pouvez facilement justifier de prendre le temps de le faire chaque jour. Mais que dire de ces tâches qui n'ont aucune valeur ni pour vous, ni pour quiconque, celles que vous accomplissez sans y penser, simplement parce qu'elles sont entrées dans votre routine ?

Beaucoup de ces habitudes peuvent se ranger dans la catégorie *« non urgent et non important »*. Si vos mots croisés du matin vous apportent toujours du plaisir et de la satisfaction, et si dans votre journée vous pouvez vous permettre de prendre le temps de les faire, eh bien n'hésitez pas à continuer. Si au contraire cela ne vous amuse plus, et si c'est devenu une corvée de plus à faire le plus vite possible avant de passer à la suivante, alors il est temps de l'abandonner.

D'autres activités chronophages peuvent vous sembler urgentes, mais dès lors que vous cesserez d'y penser – et c'est là tout l'objet de ce chapitre – elles ne deviennent plus importantes du tout, et encore moins nécessaires. Vous les accomplissez uniquement parce que quelqu'un vous dit (ou vous a dit, peut-être il y a très longtemps) de les faire.

Pour apprendre à identifier ces chronophages, posez-vous la question suivante :

Est-ce bien cela que je veux faire ou que j'ai besoin de faire tout de suite [14] *?*

Chaque élément de la phrase est important : *je*, *veux*, *ai besoin*, et *tout de suite*.

Voulez-vous ou *avez-vous besoin* de le faire ? La plupart d'entre nous faisons chaque jour des choses que nous ne voulons pas faire mais, sachant que nous en avons besoin, nous nous y attelons. Néanmoins, si vous vous surprenez à faire une chose que vous ne voulez pas et n'avez pas besoin de faire, ou qui n'est d'aucun bénéfice pour personne, éliminez-la de votre vie. Débarrassez-vous de l'affairement, de l'activisme pour lui-même, et des tâches que vous accomplissez pour en fuir d'autres, plus importantes et plus difficiles.

Devez-vous absolument le faire *tout de suite* ? Des tâches plus pressantes peuvent attendre que vous leur accordiez votre attention et peser lourdement sur votre subconscient. Décidez d'un moment où vous reviendrez sur les activités moins importantes, et attaquez-vous à la tâche la plus urgente.

Très souvent, la gestion du temps n'est pas du tout une question de temps. Nous « n'avons pas le temps » de faire

---

14. Reformulée d'après Alan LAKEIN dans son best-seller *How to Get Control of Your Time and Your Life*, éd. New American Library, New York, 1973, disponible en français sous le titre de *Comment contrôler votre temps et votre vie*, éd. Un monde différent, Québec, 1990.

ce que nous n'avons pas envie de faire. Nous faisons passer avant d'autres tâches moins importantes. C'est lorsque nous cessons de fuir et que nous commençons à réordonner nos activités par leur véritable ordre de priorité que nous exerçons une authentique gestion du temps.

Prenez le ferme engagement de déraciner de votre vie l'activisme et tout travail qui vous sert à fuir les tâches importantes. Il est très probable que vous libériez du temps pour ce que vous voulez vraiment ou avez besoin de faire maintenant.

Il se peut que vous deviez régulièrement vous poser cette question : *Est-ce bien cela que je veux faire ou que j'ai besoin de faire tout de suite ?* Des rappels tangibles tels que des *post-it* peuvent vous y aider. Vous pouvez même mettre un réveil à sonner à intervalles de temps réguliers, peut-être toutes les quatre-vingt-dix minutes, pour vous le rappeler au milieu d'une activité.

Une tâche devenue une habitude peut être très profondément imprégnée dans le tissu de votre vie quotidienne, et vous pouvez vous sentir mal à l'aise de l'abandonner. Mais alors que les jours et les semaines passeront sans conséquences désastreuses de l'abandon de cette activité – voire sans conséquences du tout – vous commencerez à respirer à nouveau et à mieux employer le temps que vous avez ainsi récupéré.

En attendant, vous pouvez trouver utile de mettre de telles tâches sur une « liste de choses à ne pas faire », afin de vous en souvenir.

Si la réponse à la question : *Est-ce bien cela que je veux faire ou que j'ai besoin de faire tout de suite ?* est oui, et que vous voulez ou avez réellement besoin de vous consacrer à cette activité tout de suite, alors allez-y. Vous venez d'affirmer la légitimité de votre choix, et vous sentez, plus que vous ne l'avez senti depuis des années, que vous contrôlez votre vie quotidienne.

La liste des : « Laisse Raymond s'en charger »

Examinons à présent un autre mot, encore plus vital, de la question posée au début de ce chapitre : le mot « Je ». Il faut que ce travail soit fait. Il faut peut-être même le faire maintenant. Pourtant, ce n'est peut être pas à vous de le faire, même si vous le faites depuis des années. Vous n'avez peut-être pas la même expertise, capacité, information, outils ou autorité qu'une autre personne qui, de ce fait, l'accomplirait mieux que vous. Peut-être même que pendant que vous accomplissez un travail qui ne vous convient pas tout à fait, d'autres tâches que vous feriez mieux sont négligées.

Une fois établi que quelqu'un d'autre pourrait prendre en charge un travail qui vous incombe actuellement, vous disposez de trois outils pour le confier à une autre personne.

1. Déléguez

Dans le cadre de mon travail à l'université, j'ai la bénédiction d'être aidé par deux merveilleuses assistantes. Ces femmes extraordinaires répondent au téléphone, traitent mes mails, élaborent et remplissent des formulaires et corrigent mes erreurs stupides. Par exemple, je leur demande de relire mes newsletters au lieu de le faire moi-même. Elles font un bien meilleur travail que moi.

Il m'a cependant fallu apprendre à les *laisser* m'aider ! J'avais toujours tendance à faire les choses moi-même, peut-être pour m'éviter la honte que quelqu'un d'autre voie mes erreurs. Au début, je déléguais les tâches par nécessité : je ne pouvais tout simplement pas faire face. Petit à petit, j'ai appris à apprécier, à faire confiance, et à considérer leur collaboration comme précieuse.

Si vous n'avez pas la bénédiction d'être entouré, il vous reste deux options.

2. Échangez

Il y a quelques années, une assistante de mon service, qui a pris sa retraite depuis, adorait remplir et classer des formulaires mais redoutait d'avoir à répondre au téléphone. Une autre assistante, aujourd'hui également retraitée, détestait la paperasserie mais se délectait de répondre aux demandes téléphoniques ; vous pouviez entendre à sa voix le plaisir qu'elle y prenait. Comme on pouvait s'y attendre, la première assistante n'était pas du tout douée pour gérer les appels alors que la deuxième était invariablement courtoise, enjouée et savait donner les renseignements appropriés, tandis que les formulaires qu'elle remplissait étaient truffés d'erreurs. Aucune d'entre elles n'avait l'autorité de déléguer du travail à l'autre, mais elles se mirent d'accord sur un échange, avec l'approbation de leur supérieur hiérarchique.

Il y a des gens à qui il ne viendrait pas à l'idée de déléguer ni de faire des échanges. Ils ne penseraient pas que quelqu'un d'autre pourrait répondre au téléphone, trier leurs mails ou relire la mise en page de leurs plaquettes et ce, non pas parce qu'ils n'ont personne pour les aider, mais parce qu'ils ne les laisseront pas faire. Ces gens-là ont besoin d'apprendre le troisième outil :

3. Lâchez prise

La mentalité du « Je préfère le faire moi-même » peut dissimuler une croyance très profondément ancrée que « Personne ne pourrait le faire aussi bien que moi. » Cette attitude peut aussi procéder d'un sentiment d'insécurité, la peur qu'on n'aura pas besoin de vous à moins que vous ne fassiez tout vous-même.

Même en déléguant votre travail à quelqu'un d'autre, vous pouvez finalement superviser cette tâche de si près que vous y passez autant de temps que si vous l'aviez faite vous-même. Ce faisant, vous risquez également de déresponsabiliser et rabaisser un collègue.

Faites-vous violence et confiez complètement cette tâche ; coupez le cordon ombilical. Exprimez clairement ce que vous voulez et comment cela doit être fait. Puis, n'y touchez plus, même si vous voyez que l'autre personne ne le fait pas « bien » (ce qui veut dire : « de votre manière à vous »). Vous gagnerez du temps et votre collègue n'aura pas à supporter votre mécontentement.

Le faire maintenant, le faire plus tard, ne jamais le faire, laisser quelqu'un d'autre s'en charger : telles sont les décisions que vous prenez lorsque vous commencez à vous demander : « Est-ce bien cela que je veux faire ou que j'ai besoin de faire tout de suite ? »

Le principe de gestion du temps du : « C'est bien comme ça »

S'il faut que ce soit parfait, il y a un problème.

Je ne me fais certainement pas l'avocat du travail bâclé, mais je pense que la question n'est pas là. Ceux qui lisent des livres sur la gestion du temps sont en général très consciencieux. La frontière entre la « conscience professionnelle » et le « perfectionnisme » peut être très ténue, et les perfectionnistes ont beaucoup de difficultés à finir quoi que ce soit.

À partir de quel point le bien est-il « suffisamment bien » ? Tout dépend de qui va voir ce résultat et de l'usage auquel il est destiné. Les chiffres d'un budget prévisionnel n'ont pas besoin d'une précision de quatre décimales ni d'être imprimés au laser en quadri sur du papier glacé.

L'une de mes histoires préférées de bande dessinée [15] met en scène un chien, son maître, une tondeuse à gazon et le mythe du perfectionnisme. Le chien vient juste d'essayer de tondre la pelouse avec une tondeuse, comme le montre une belle allée d'herbe rase en zigzag dans les hautes herbes. Le maître se penche sur le chien en le fixant d'un regard furieux : « C'est ça que tu appelles tondre la pelouse ! » Crie-t-il. « Vilain ! Pas de biscuit ! »

C'est vrai, le chien n'a pas fait ce travail parfaitement. De fait, la pelouse est massacrée. D'un point de vue humain, ce n'est ni fait, ni à faire. Mais le maître en colère a ignoré deux aspects fondamentaux : premièrement, le chien a fait de son mieux (c'est difficile, pour un chien, ne serait-ce que d'atteindre la poignée d'une tondeuse à gazon que l'on doit pousser !). Deuxièmement, et c'est là le plus important : le chien a tondu la pelouse ! Lassie n'a jamais tondu de pelouse. Rintintin n'a jamais tondu de pelouse. Yukon King [16], quant

---

15. Gary Larson, *L'univers impitoyable*, (BD) éd. Presses de la Cité, 1988.

16. Chien de traîneau, héros d'une série américaine radiodiffusée dans les années 30 et télévisée dans les années 50 (N.d.T.).

à lui, ne sait même pas ce qu'est une pelouse ! Un chien qui tond une pelouse, c'est miraculeux ! Ce chien ne mérite-t-il pas un biscuit pour son effort héroïque et pour son résultat partiel, même imparfait ? Et vous ?

Comment cette mentalité du « Vilain ! Pas de biscuit ! » vous rend perdant

Par l'attitude du « tout ou rien », ce que vous obtenez le plus souvent est « rien ».

Si un travail doit être fait parfaitement ou ne pas être fait du tout, il est très probable que vous ne l'entrepreniez pas. La pénalité liée à l'« échec » est trop importante, et l'échec est quasi assuré si vous vous obstinez à mesurer votre performance à l'aune d'un idéal impossible.

Chez les écrivains, j'appelle cela le « syndrome de Proust ». Je n'écrirai jamais aussi bien que Proust, me dis-je, alors pourquoi écrire ? Je réponds : parce que le monde n'a pas besoin d'un deuxième Proust. Nous avons toujours ses textes originaux. Le monde a besoin de ce que tu peux faire de mieux, de ta vision, écrite à ta façon à toi. Si tu ne mets l'accent que sur la perfection, ce que tu feras de mieux ne sera jamais assez bien.

Pourquoi la pratique nous fait un bien fou

Vous n'atteindrez jamais l'idéal, parce que c'est une illusion qui n'existe que dans votre esprit. Cependant, vous pouvez sans cesse progresser dans ce que vous faites.

La pratique ne rendra pas votre travail parfait, à moins que ce ne soit une pratique parfaite, auquel cas vous avez déjà atteint le but avant même d'avoir commencé. En revanche, au fil de l'expérience, de l'enseignement que vous tirez des efforts accomplis, des compétences que vous maîtrisez de mieux en mieux, des retours que vous avez et de la comparaison des résultats que vous obtenez avec ce que vous souhaitez, vous acquérez une maîtrise de plus en plus grande.

Au début, autorisez-vous à faire des choses très imparfaites. Ayez le courage de vous approprier une nouvelle devise radicale : « Tout ce qui vaut la peine d'être fait vaut la peine d'être mal fait. » Bannissez de votre esprit la notion d'« erreur ». Vous ne faites pas des erreurs : vous apprenez.

Agissez maintenant, jugez plus tard. Si la créativité s'empêtre dans le jugement, la critique étouffera la performance à chaque tentative.

Cela vous prendra du temps d'évoluer du regard critique vers la production dynamique. Vous glisserez souvent dans le perfectionnisme. Soyez indulgent envers vous-même et continuez à apprendre. Vous gagnerez ainsi une liberté qui vous rendra plus productif que dans vos rêves perfectionnistes les plus fous.

Il en va de même pour l'acquisition de la maîtrise d'un des outils fondamentaux de la gestion du temps qu'est la liste des choses à faire. Le chapitre suivant traitera de ce sujet important.

Exercice

Cet exercice se base sur la connaissance de vous-même acquise au chapitre 2, au cours duquel vous avez classé vos activités en quatre catégories, et au chapitre 5, lorsque vous vous êtes concentré sur les décisions prises chaque jour.

Portez votre attention en particulier sur les éléments des catégories « urgent et non important » et « ni urgent ni important » ainsi que sur les décisions que vous prenez par routine. Trouvez-vous sur ces listes une activité qui n'ait aucun objectif ? Vous pouvez faire certaines choses simplement parce que quelqu'un vous a dit que c'était une bonne idée. Peut-être avez-vous commencé l'une ou l'autre activité il y a des années lorsque cela répondait à un besoin de votre vie, et avez continué longtemps après que ce besoin ait disparu. Est-ce que, parmi vos divertissements, certains ne vous amusent plus et deviennent des habitudes ?

Cherchez également ce qui relève de l'affairement, ces actions qui vous maintiennent en mouvement et vous donnent l'impression d'être productif sans pour autant rien apporter de vraiment bon.

Prenez particulièrement en chasse les activités qui vous permettent d'en fuir d'autres, ce que vous faites pour remettre à plus tard une autre tâche.

Dressez une liste de tout ce genre d'activités. Nous l'appellerons la « liste noire », parce que votre objectif sera de les éliminer de votre vie.

Rédigez à présent votre « liste noire » : les tâches que vous ne voulez pas et n'avez pas besoin de faire :

La liste noire

....

....

....

....

....

Chapitre 7

Faire ou ne pas faire

Apprivoiser l'emploi du temps de la journée

La liste des choses à faire n'est pas une nouveauté. Nous avons même peut-être inventé des moyens plus appropriés (et certainement plus sophistiqués), mais le concept reste le même : lister les tâches à accomplir et définir l'ordre dans lequel nous allons les exécuter.

Nous pourrions traiter du bon et du mauvais usage des listes de choses à faire [17]. Oui, la liste nous sert à accomplir tout ce qui est en attente, dans la perspective d'une vie heureuse, saine et équilibrée, sans oublier le repos, la détente et la vie relationnelle comme autant d'éléments importants de cette vie épanouie.

Ce concept de liste, à force d'altérations successives, nous a conduits à envisager les choses de façon beaucoup moins douce, et nous en venons à vouloir faire entrer de force le maximum de travail possible dans un minimum de temps. Ce genre d'approche a conduit certains à établir…

17. Cf. Alan LAKEIN, *Comment contrôler votre temps et votre vie*, éd. Un monde différent, Québec, 1990.

Une liste d'enfer

Vous prévoyez de commencer la journée par 10 minutes d'exercice puis de parcourir *Les Échos*. Votre petit-déjeuner se résumera à une barre énergétique et une tasse de café qui voyageront avec vous pendant votre trajet quotidien de 17 minutes, au cours duquel vous écouterez une conférence compressée (c'est-à-dire sans les pauses, ce qui ramène à 17 minutes l'intervention originale de 22 minutes) sur le développement personnel, pour booster votre motivation. Bien sûr, sitôt votre barre énergétique avalée, vous consultez vos messages sur votre téléphone portable.

Au travail, vous avez imparti une tranche horaire bien définie à la consultation de vos messages vocaux et de vos mails, puis à la réunion du matin, et 90 minutes pour terminer de réunir les éléments en vue du rapport trimestriel. Vous avez prévu 20 minutes pour déjeuner à la cafétéria : une salade nutritive assaisonnée d'une sauce allégée. Dans l'après-midi, vous allouez une heure à la réunion mensuelle du Comité pour l'Optimisation du Lieu de Travail, et deux heures à la rédaction du premier tiers de votre rapport trimestriel, en plus de répondre aux mails et au téléphone.

Au retour, vous vous autorisez 19 minutes pleines de trajet pour rentrer chez vous, parce que vous prévoyez de passer au pressing récupérer les vêtements que vous avez oubliés vendredi dernier.

Voilà le planning. Et voilà ce qui se passe en réalité :

Vous n'arrivez pas à vous tirer du lit à temps pour faire vos abdominaux, et vous avez du mal à vous concentrer sur le journal. Un chantier vient de commencer sur le trajet qui mène à votre bureau, et un chauffeur malchanceux percute la glissière, ce qui provoque un ralentissement brutal au cours duquel vous renversez votre café sur votre nouveau costume.

Vous arrivez au bureau avec 25 minutes de retard, survolez en quatrième vitesse vos messages vocaux et vos mails et courez à votre réunion, laquelle se termine avec 24 minutes de retard à cause de l'un de vos collègues qui n'arrête pas de parler du bourrage de la photocopieuse et des vols qui se produisent dans le réfrigérateur du personnel. Résultat, vous n'avez que 10 minutes pour travailler à votre rapport.

Le déjeuner se résume à une barre chocolatée et un sac de chips achetés au distributeur en bas de l'escalier. Vous mangez à votre bureau tout en travaillant sur le rapport.

L'après-midi, vous êtes bombardé en permanence d'appels téléphoniques, et la réunion du Comité dure plus longtemps que prévu. Vous travaillez depuis 20 minutes à votre rapport lorsqu'une crise éclate dans le bureau d'à côté ; vous passerez plus d'une heure à la résoudre.

Vous arrivez finalement au terme de votre journée tendu et épuisé, votre rapport à peine commencé, et vous envisagez de rentrer chez vous. Là, vous êtes rapidement à nouveau dans les embouteillages (le chantier ! Vous aviez oublié !). Vous négligez de vous arrêter au pressing et arrivez chez vous avec une heure de retard pour dîner, un bon mal de tête et les muscles des épaules noués.

Vous pensez que j'ai traité trop durement ce pauvre planning que vous aviez élaboré à l'avance ? À vous de voir. Dans mon scénario, j'ai pourtant laissé quelqu'un d'autre préparer le dîner pour vous et ne vous ai pas envoyé d'enfants ni d'animaux familiers à soigner.

Quelle que soit la forme de votre journée – que vous la passiez dans un bureau, une usine, à la maison ou derrière une caisse du supermarché du coin – le leurre de la liste de choses à faire trop chargée reste une constante. Lorsque nous planifions nos journées, nous les imaginons parfaites : pas d'embouteillages, pas d'interruptions, pas d'urgences. Puis, la vie se déroule. À quand remonte votre dernier jour parfait ?

Soyons réalistes. Planifions en vue de maîtriser notre liste, plutôt que de laisser la liste nous maîtriser.

10 moyens d'établir une liste de choses à faire réalisable

1. N'y mettez pas trop de choses

Ceci est fondamental. Maîtrisez cet aspect et tout prendra sa place.

Soyez réalistes en ce qui concerne vos attentes et votre estimation du temps. Faites une liste applicable au monde réel, pas un itinéraire sur une carte du Pays imaginaire. Sinon, vous passerez chaque jour de votre vie à être en retard et à avoir peur. Vous serez trop de mauvaise humeur, inquiet et épuisé pour remarquer la chute de votre efficacité.

Si vous surchargez votre liste, c'est elle qui sera votre patron. Ce doit être le contraire. Elle doit vous aider à vous organiser, à savoir où vous allez et à faire en premier ce qui est important.

2. Aérez votre liste

Pour mettre en pratique le point n° 1, il vous faut apprendre à maîtriser le point n° 2.

Surestimez votre temps de trajet en prévision de la voiture qu'il y aura sur la file de gauche et du conducteur prudent qui vous empêchera de prendre votre sortie. Prenez en compte l'attente avant le début de la réunion et le temps perdu au cours de la réunion.

Plus souvent vous accomplirez une tâche, et mieux vous serez capable d'estimer le temps nécessaire pour la mener à bien. À ce niveau, l'expérience des autres n'est pas d'une grande aide : nous travaillons tous à des rythmes différents, et ce qui semble facile à l'un peut être difficile pour l'autre.

3. Faites la liste des probabilités et non des impératifs

Vous dressez la liste des tâches que vous avez besoin d'accomplir, que vous voulez accomplir ou que vous espérez accomplir. C'est votre liste, votre capital temps, et cela n'appartient à personne d'autre dans l'univers. Envisagez-la comme une liste de souhaits.

Que se passe-t-il si vous n'avez pas fait tout ce qui était dans votre liste ? Comme le disait un de mes amis d'enfance : « C'est pour cela que Dieu a créé *mañana* [18]. »

Imaginez que vous tombiez malade et manquiez une semaine de travail, l'équivalent de cinq listes de choses à faire. Qu'arrivera-t-il ? Vous vous culpabiliserez. Puis, vous commencerez à aller mieux et vous serez de mauvaise humeur. Vous essaierez prématurément de retourner travailler ; si vous avez beaucoup de chance, quelqu'un qui vous aime insistera pour que vous restiez à la maison.

Pendant ce temps, le monde continuera de tourner. Ce ne sera pas la fin de la civilisation. Un autre fera votre travail ou, plus probablement, le travail ne sera pas fait. Une partie restera en attente, tandis qu'une autre partie – miraculeusement – ne sera plus à faire.

---

18. *Mañana* : « demain » en espagnol.

Vous aurez 2 958 messages dans votre boîte de réception, dont 2 612 spams ; les 63 messages restants émanent de la même personne. Parmi eux, 62 demandent pourquoi vous n'avez pas répondu au premier. Quant à votre boîte vocale, elle est pleine depuis longtemps et ne prend plus de messages.

Il se peut que les deux premiers jours soient difficiles alors que vous essaierez de rattraper le retard ; mais vous y arriverez. Vous y êtes toujours arrivé. Si vous n'êtes pas rentré trop tôt de votre arrêt maladie, vous ne ferez peut-être même pas de rechute.

4. Ne gravez pas votre liste dans le marbre

Mes premières tentatives de listes de choses à faire étaient des œuvres d'art, soigneusement relues et imprimées sur ordinateur d'une belle encre noire sur un beau papier ivoire. Modifier ou rayer quelque chose sur cette liste aurait été pour moi comme dessiner une moustache à la Joconde.

Votre liste doit rester souple. Si pour cela vous devez l'écrire au crayon de papier, faites-le. Peut-être trouverez-vous pratique d'avoir recours à un tableau blanc ou à un planning métallique pour pouvoir changer les fiches de place. Choisissez un mode d'affichage qui vous permettra de rester le maître de votre liste plutôt que le contraire.

5. Ordonnez les choses avec créativité

Placez les tâches importantes et urgentes en tête de votre liste. Si votre première priorité est d'ouvrir vos mails, faites-le d'abord. Si ce n'est pas le cas, et si vous voulez le faire en premier parce que vous en avez pris l'habitude ou parce que c'est plus simple, planifiez pour cela un autre moment, plus tard dans la journée.

Alternez les tâches rapides et celles qui prennent du temps, celles qui vous demandent de l'attention et celles qui sont plus routinières. Changez souvent d'activité et de rythme. Attelez-vous aux tâches qui requièrent votre énergie mentale au moment où vous êtes le plus énergique et le plus alerte.

6. Réduisez les rochers en petits cailloux

Quand j'ai commencé à publier ma lettre d'informations, j'ai établi un planning à rebours en me basant sur le jour de l'expédition de la lettre, laissant du temps pour l'impression et la mise sous enveloppe, plus un grand espace de deux jours consécutifs afin d'« écrire la lettre ».

Apprendre à me servir d'un logiciel de mise en page fut toute une aventure. Des pages entières partirent en fumée rejoindre les débris spatiaux en orbite autour de la Terre. Tout prit beaucoup plus de temps que prévu. Je travaillais jusque tard le soir pour essayer d'adapter le contenu dans les pages.

Finalement, je fis des progrès dans la mise en page, finis par maîtriser les fonctionnalités dont j'avais besoin sur le logiciel, et appris à bien calibrer le texte de mes articles pour les faire entrer dans la charte graphique. La newsletter et son éditeur commencèrent à passer d'un chaos originel récurrent à quelque chose de bien plus ordonné.

J'ai également appris à planifier des laps de temps plus courts et plus fréquents afin d'accomplir des tâches spécifiques qui, l'une derrière l'autre, aboutissaient à une lettre d'informations achevée. Je ne pouvais pas soulever d'un coup le rocher que représentait l'édition d'une telle lettre, mais je pouvais facilement additionner un à un toutes les petits cailloux dont elle était composée. Pour écrire des livres, j'ai dû apprendre à mettre en œuvre cette même approche des petits cailloux, nécessaire à tout projet à long terme.

Supposons que vous ayez décidé que l'une de ces tâches « importantes mais non urgentes » que vous avez négligées soit de vous maintenir en bonne forme physique. En premier lieu, il vous faut déterminer exactement ce que vous entendez par « exercice régulier ».

Quel genre d'exercice ? Combien ? Où et quand ? À quelle fréquence ?

Réduisez cet objectif de la taille d'un rocher appelé « faire de l'exercice » en petites activités spécifiques, en vous basant sur une évaluation réaliste de vos capacités, options, centres d'intérêt et tolérance pour les différentes formes d'exercice physique. Vous pouvez par exemple décider de nager pendant une demi-heure trois fois par semaine, mais si vous n'êtes pas un bon nageur, n'aimez pas nager ou n'avez pas facilement accès à une piscine, vous ne vous y tiendrez jamais.

Alors fixez-vous ces tâches spécifiques :

✓ Inscrivez-vous à un club de fitness ;

✓ Courez sur un tapis de jogging pendant trente minutes trois fois par semaine ;

✓ Soulevez des poids trois fois par semaine.

Ça y est, vous avez un plan. Vous n'avez plus qu'à le mettre en œuvre.

« Vous n'avez plus qu'à », dit-il !

C'est le moment de sortir votre planning du jour. Inscrivez-y vos heures de travail, de présence à la maison, vos obligations personnelles et votre rythme de vie. Préférez-vous une séance d'entraînement tôt le matin avant de vous rendre à votre travail ? Avant le déjeuner ? À l'heure du déjeuner ? Après le travail ?

Une fois décidée l'heure, écrivez-la sur votre agenda et entraînez-vous à considérer ces « rendez-vous » comme aussi importants que tous les autres. Vous soustraire à une séance d'entraînement ne devrait arriver qu'en raison du même genre d'urgences qui vous feraient manquer un rendez-vous chez le médecin ou une réunion du conseil d'administration. Une véritable blessure ou une maladie suspendrait bien sûr temporairement le programme d'entraînement sportif, mais un « je n'ai pas envie » ne tient pas.

Tenez fermement votre résolution. Bientôt, cet exercice physique – ou bien tout autre ajout positif à votre emploi du temps – deviendra une heureuse habitude. Laissez-lui le temps de s'installer. Il faut environ trois semaines pour perdre l'inconfort de la nouveauté et des habitudes bousculées et en mettre en place de nouvelles.

Revenez sans cesse à votre objectif premier. Perdez-vous ces 500 g par semaine comme vous le souhaitiez ? Cette nouvelle habitude d'exercice physique vous donne-t-elle ce « plus » d'énergie et ce sentiment de bien-être que vous espériez ?

Évaluez également comment ce changement se répercute sur le reste de votre vie. Comment les personnes que vous aimez réagissent-elles à cette nouvelle demande sur votre temps ? En échange de quoi avez-vous dégagé du temps pour cette nouvelle activité ? Y gagnez-vous au change ?

Tenez-vous y pendant encore trois semaines. Puis, apportez les changements nécessaires ou bien abandonnez ce projet pour en mettre en place un autre.

Tout ce que je viens de suggérer sur la planification de l'exercice physique dans votre emploi du temps est valable pour tout autre ajustement que vous feriez dans votre quotidien, dont les trois activités exposées ci-après.

7. Prévoyez les trois R : Repos, Récréation et Relations

Vous vous reposerez quand tout sera fini n'est-ce pas ? Mais tout ne sera jamais vraiment fini. Il y a toujours quelque chose que vous pourriez ou devriez faire, et pour cette raison, vous ne vous reposez jamais.

Prévoyez une plage de repos dans votre journée au moment où cela vous fera le plus de bien, avant d'être tendu et épuisé. De brefs temps de repos au bon moment vous aideront à maintenir un rythme de travail régulier et efficace. Par exemple, au lieu d'attendre la fin de la journée pour prendre une pause de lecture d'un quart d'heure, planifiez-la juste après le déjeuner ; ou bien prévoyez trois fois cinq minutes de pause.

Cela fait des semaines que vous promettez d'emmener les enfants faire de la luge ? Que vous voulez faire une longue promenade dans le parc avec votre chéri(e) ? Que vous voulez lire ce livre très intéressant posé sur votre table de nuit ? Inscrivez tout cela sur votre agenda.

Cela vous semble abominable ? Après tout, n'est-ce pas être un monstre que de devoir mettre sur son agenda de jouer avec ses propres enfants ? Vous n'êtes pas un monstre. Vous êtes simplement trop occupé. Commencez à planifier et organiser afin de pouvoir vivre une vie épanouie et équilibrée.

8. Planifiez les objectifs à long terme aussi bien que ceux à court terme

Vous ne supportez pas l'idée d'un plan d'épargne-retraite ? Et ce testament dont vous vouliez écrire un brouillon ?

Beaucoup d'entre nous fuient ce genre de tâche à long terme. Elles sont faciles à remettre au lendemain parce qu'elles tombent dans cette catégorie de l'« important mais non urgent ». Pour ce genre de choses, *mañana* semble ne jamais venir. Prévoyez du temps pour les tâches non urgentes mais vitales. Vous vous sentirez si bien – vous aurez l'impression d'être un saint, en fait – lorsque vous les rayerez de votre liste de choses à faire.

9. Soyez prêt à abandonner votre liste quand ce sera nécessaire

Un professeur disait à ses étudiants, futurs écrivains : « Si vous vous contentez d'écrire l'histoire prévue à l'avance, vous passerez à côté de celle qu'il vous sera donné d'écrire. »

Il en va de même pour l'histoire de notre vie. Souvent, les événements les plus importants ne sont pas écrits sur notre liste de choses à faire. Ne devenez jamais si bien organisé et minuté au point de ne plus être disponible aux imprévus de la vie : le hasard d'une rencontre, une inspiration soudaine.

Toutes les surprises ne sont pas mauvaises ; toutes les interruptions ne sont pas douloureuses.

Un ancien collègue m'interrompait souvent dans mes activités. C'était un homme merveilleux, indéfectiblement gentil, doux et consciencieux. Il fonctionnait selon une notion du temps différente de la mienne. Son rythme était bien plus lent que le mien.

Je devins tout à fait expert à gérer ses visites inopinées, l'éconduire rondement lorsque mon temps était particulièrement compté, ou le diriger vers la porte après quelques minutes lorsque j'étais – comme d'habitude – pressé.

Cependant, un matin, quelque chose dans sa façon de se tenir sur le pas de la porte déclencha une alarme discrète dans mon esprit. Au lieu de l'« expédier », je l'invitai à entrer et lui proposai de s'asseoir.

Contrairement à son habitude, il en vint directement aux faits. Il était atteint d'un cancer. On le lui avait annoncé quelques jours auparavant et il n'en avait parlé à personne sinon aux membres de sa famille les plus proches. Il devait se faire opérer et s'absenterait du travail. Il voulait que je le sache parce qu'il me considérait comme un ami. Puis, il avoua qu'il avait peur et se mit à pleurer.

Je lui exprimai ma compréhension et mon empathie. Je lui rappelai l'heureuse issue du cancer de ma femme : elle vit encore, vingt ans après sa maladie. Je lui pris les mains et priai avec lui.

En fait, il avait simplement besoin de parler à quelqu'un, d'être aidé à porter ce poids qui l'écrasait. Il m'a fait l'honneur de me choisir pour cela. Notre échange ne dura pas plus de quelques minutes. Après son départ, je tremblais, non pas à cause de cette nouvelle, mais de la conscience d'avoir été à deux doigts de l'éconduire alors qu'il était à la porte, le laissant seul avec sa peur.

Rien de ce qui était écrit sur ma liste de choses à faire ce jour-là n'était aussi important que de passer ces quelques minutes avec mon ami. J'ai souvent remercié Dieu (pas assez souvent, cependant) d'avoir gardé mon cœur ouvert au bon moment à la personne qui avait besoin de moi. Je lui demande de m'aider à reconnaître et à saisir d'autres occasions quand il me les présente.

Cette histoire s'est bien terminée. L'opération de mon ami s'est bien passée. Depuis, il a pris sa retraite et a déménagé, et il me manque. Si jamais il se présente à nouveau à la porte de mon bureau, il recevra un accueil chaleureux, même si je suis très occupé.

10. Rien ne vous oblige à établir une liste de choses à faire

La liste de choses à faire, comme toutes les autres suggestions de ce livre, est un outil que beaucoup utilisent dans le cadre d'une gestion du temps réussie. Si cela vous aide, faites-en usage. Si cela vous gêne ou vous apporte plus de difficultés que d'aide, laissez tomber, ne faites pas de liste ; ou bien faites-en une en des jours particulièrement chargés et compliqués. Ce n'est pas pour autant que vous ne réussirez pas à gérer votre temps. Vous ne ferez qu'adapter des techniques à votre tempérament, votre façon de travailler et votre vie.

En bonus : la liste des choses à ne pas faire

Parallèlement au fait de noter et d'organiser des tâches que vous voulez et avez besoin d'accomplir, envisagez de dresser une liste de tâches que vous ne devez pas faire.

Je ne parle pas ici d'arrêter de fumer ou de manger moins de chocolat – si louables que soient ces objectifs, comme le savent tous ceux qui se sont battus pour se débarrasser de ces mauvaises habitudes – le fait de ne pas fumer n'a rien à voir avec le fait de ne pas agir.

Non, je vous parle ici de tâches quotidiennes que vous exécutez par habitude ou par culpabilité mais qui pourraient très bien être accomplies par quelqu'un d'autre ou tout simplement laissées de côté. Examinez les grandes tâches (inscrites au tableau général) et les petites tâches (notées sur le mémo du chef de département). Est-il nécessaire de les exécuter ? Si oui, est-ce bien à vous de vous en charger ? Si la réponse à l'une ou l'autre de ces questions est non, c'est qu'il est temps pour vous d'inscrire ces corvées sur la liste des choses à ne pas faire pour les éliminer de votre vie.

Évaluez le bien que vous accomplissez par ce noble service que vous rendez au Comité, et la satisfaction que vous en tirez. Mettez cela en balance avec les ennuis que cela vous cause et le temps perdu.

Vous pouvez trouver beaucoup d'éléments à mettre dans votre liste de choses à ne pas faire. Vous en découvrirez encore d'autres dans les chapitres suivants qui traitent de votre rapport aux machines et de la régulation du flot d'informations. Mais avant cela, il reste un point important de l'ordre du jour que je souhaite aborder depuis longtemps mais que je remets sans arrêt à plus tard. Je fais allusion, bien sûr, à l'art consommé de la procrastination[19].

Exercice

Si vous faites déjà, d'une façon ou d'une autre, une liste de choses à faire et que cela vous réussit, lisez rapidement ce chapitre et passez au suivant. Mais si planifier votre journée est pour vous une nouveauté, je vous invite à essayer de voir si cela vous aide à gérer votre temps de façon plus efficace.

Cet exercice prend trois semaines. Si vous le souhaitez, vous pouvez lire le chapitre 8 pendant que vous y travaillez.

Chaque soir, préparez une liste de choses à faire pour le lendemain. Faites-le de manière aussi détendue ou aussi scrupuleuse que vous le souhaitez. Vous pouvez tout simplement écrire sur un morceau de papier tout ce que vous voulez ou avez besoin de faire. C'est la façon de procéder la plus simple. C'est pourquoi je l'ai adoptée.

---

19. « Tendance à tout remettre au lendemain, à ajourner, à temporiser. » (Petit Robert 2009).

Écrivez maintenant cette liste en indiquant la date.

....

....

....

....

Lorsque cette liste est terminée, vous pouvez classer les éléments par ordre de priorité ; plusieurs méthodes sont possibles. Vous pouvez simplement leur accorder un numéro en fonction de l'ordre dans lequel vous souhaitez les exécuter ; ou bien leur assigner un ordre de priorité, par exemple d'A à E, A signifiant « haute priorité » et E « s'il reste du temps ». Il se peut que vous ayez plusieurs tâches entrant dans la catégorie A, ce qui veut dire que vous devrez décider laquelle vous allez accomplir en premier. Essayez simplement de ne pas tout ranger en catégorie A : il vous faudra donc exercer votre jugement. Une fois ce travail terminé, vous avez une ébauche générale de votre journée.

En bas de votre liste, notez les tâches qui arriveront plus tard dans la semaine ou dans le mois, ainsi que les objectifs à long terme que vous ne devez pas perdre de vue. Vous pouvez également élaborer une liste de choses à ne pas faire (qui inclut les activités notées dans le chapitre précédent et qui vous font perdre du temps).

Pour être plus précis, vous pouvez faire un tableau qui rendra compte de chaque heure de votre journée. Je trouve cela trop compliqué, mais cela marchera peut-être un peu mieux pour vous. Si vous optez pour ce choix, je vous recommande de ne pas utiliser de laps de temps inférieur à quinze minutes ; des blocs d'une demi-heure seraient plus appropriés. Tenter une planification plus précise alourdirait beaucoup cette démarche et entraînerait une surcharge de votre emploi du temps.

Si vous travaillez cinq jours par semaine en dehors de chez vous et n'éprouvez pas le besoin d'une liste pour vos jours de congé, n'en faites pas. Mais si votre jour de repos est rempli d'activités, une liste pour le samedi pourrait vous aider au moins autant que celle du lundi. Faites selon ce qui vous convient le mieux.

Au terme du premier jour, deux ou trois heures avant d'aller vous coucher, relisez votre liste et évaluez son efficacité. Si vous n'avez pas pu tout faire, essayez de comprendre pourquoi. La journée a-t-elle été remplie d'interruptions ? Ou est-ce simplement parce que vous en aviez trop mis sur la liste ? Si vous menez un projet commun, l'autre personne n'a-t-elle pas fait sa part de travail ?

En tirant profit de l'expérience du premier jour, dressez votre liste du jour 2. Même si ce premier jour vous semble être un désastre, même si vous avez achoppé sur votre liste toute la journée, allez de l'avant et préparez le plan de bataille du deuxième jour. Modifiez votre approche comme bon vous semble mais tenez-vous-en à ce concept.

Au soir du deuxième jour, faites à nouveau le point brièvement et ébauchez une troisième liste. Faites-le pendant trois semaines puis arrêtez-vous pour évaluer votre expérience. Au terme de votre période de trois semaines d'essai, essayez de répondre à cette question :

Est-ce que cela m'aide, ou est-ce que cela me gêne d'établir et de suivre une liste de choses à faire ? Pourquoi ?

Rédigez maintenant votre réponse.

....

....

....

....

À présent, vous avez trois possibilités :

1 – Continuer à agir comme vous le faites ;

2 – Modifier votre approche tout en continuant à établir chaque jour une liste de choses à faire ;

3 – Laisser tomber. Cette technique ne vous aide pas.

Chapitre 8

Savoir commencer

Voilà des semaines que je voulais écrire ce chapitre, mais je n'ai jamais réussi à m'y mettre.

La plaisanterie est facile autour de la procrastination. Il est beaucoup plus difficile, si vous souffrez d'une tendance à remettre les choses à plus tard, d'y remédier. Si vous voulez vous y atteler, il vous faut d'abord comprendre le pourquoi de cette première réaction – et également de cette deuxième, troisième et quatrième réactions si vous êtes passé maître dans l'art de la procrastination.

Les cinq raisons qui vous font remettre les choses à plus tard

Raison 1 : Vous n'avez pas vraiment engagé votre volonté dans l'accomplissement de cette tâche

Vous connaissez quelqu'un qui a repris l'entreprise de bâtiment ou d'immobilier de papa ou qui est entré dans l'armée parce qu'on attendait ou exigeait cela de lui ? Si oui, il est probable que vous ayez rencontré un entrepreneur, un agent immobilier ou un soldat malheureux.

En général, pour les choses que nous aimons, nous n'avons pas besoin d'établir de priorités ni de nous contraindre à les faire par force ou par ruse. La motivation nous vient de l'intérieur, et la récompense réside dans le fait même d'accomplir la tâche. En revanche, si la motivation nous est imposée de l'extérieur (parce que quelqu'un attend cela de nous, nous le demande ou l'exige) et que nous ne voyons aucune bonne raison de le faire, cela devient beaucoup plus difficile et la tâche devient un travail au lieu d'être un jeu.

Il se peut que vous différiez sans arrêt une activité parce que vous n'avez pas vraiment envie de la faire. Si c'est le cas, posez-vous deux questions fondamentales :

1- Qu'est-ce que cela m'apporte si je le fais ?

2 - Que va-t-il se passer si je ne le fais pas ?

Répondre à la première question peut vous permettre d'intérioriser votre motivation. Vous n'agissez plus « sur commande ». Vous avez choisi de faire bonne impression sur votre patron, d'aider un ami, de gagner de l'argent, ou bien vous aimez vraiment ce travail.

La réponse à la deuxième question est le négatif de la réponse à la première. À présent, vous agissez pour éviter quelque chose de déplaisant, comme une mauvaise évaluation au travail, un conjoint en colère ou attristé, un enfant déçu. La motivation peut être négative, mais elle vient toujours du dedans de vous, et pour cette raison, elle vous pousse à vous mettre en mouvement.

Si vous ne trouvez aucune motivation intérieure d'agir : aucun bénéfice lié à l'accomplissement de cette tâche ni aucun désavantage à ne pas l'entreprendre, vous avez peut-être là l'occasion rêvée de pratiquer cette capacité à « dire non » que vous avez développée au chapitre 5.

Raison 2 : Cette tâche vous fait peur

Beaucoup d'entre nous n'aimons pas reconnaître que nous avons peur, ni même nous l'avouer à nous-mêmes. Pourtant, la peur peut vous empêcher d'entreprendre quelque chose que vous voulez ou avez vraiment besoin d'accomplir. Si vous arrivez à discerner que la source de votre réticence est une peur, à remonter jusqu'à sa cause et à l'affronter, vous pourrez mener à bien cette tâche.

Voici trois des principales sources d'anxiété inhibitrices :

1. La peur d'échouer

Prenons l'exemple d'un étudiant qui ne travaille jamais et qui, par conséquent, échoue à tous ses examens. Il peut toujours se dire : « Si j'avais travaillé, j'aurais réussi. » Mais que se serait-il passé s'il avait étudié et, malgré tout, échoué ? Il n'aurait plus cette excuse.

« Je ne fais pas » peut être beaucoup plus facile à accepter que « je ne peux pas ». Si vous ne tentez pas quelque chose, vous ne serez pas confronté à la possibilité de ne pas être capable le faire.

2. La peur de réussir

Que se passerait-il si non seulement vous réussissiez vos examens mais qu'en plus vous n'obteniez que des 18/20 et les félicitations du jury ? Formidable, non ? Sauf qu'à partir de maintenant, on attendra de vous que vous réitériez cette performance. On fera pression sur vous pour que vous alliez dans une grande école, que vous sautiez une classe ou que vous briguiez cette position de cadre.

Si vous n'essayez jamais, vous n'aurez pas non plus à porter les conséquences du succès.

3. La peur d'avoir fini

Si vous réussissez à tous vos examens, vous obtiendrez votre diplôme ; mais une fois le diplôme en poche, que va-t-il se passer ?

Pour beaucoup d'écrivains avec qui je travaille, le fait de ne pas terminer un roman signifie qu'il n'y a pas besoin de s'inquiéter de ce qu'on va faire après. On n'est pas obligé de chercher un agent, on n'a pas à subir la morsure du rejet. Si on ne publie pas de romans, on ne saura jamais si les gens auront réellement envie de l'acheter. Les critiques n'auront jamais l'occasion de démolir ou de louer notre travail.

Le fait de ne pas finir vous maintient en « sécurité ». Tout est encore possible. La peur peut vous empêcher d'atteindre votre but alors même que vous en êtes tout près. Affrontez cette peur et agissez. C'est cela, le vrai courage.

Raison 3 : Cette tâche n'est pas suffisamment une priorité pour vous

Vous pensez qu'une autre personne pourrait s'en charger. Si l'on insiste, vous irez même jusqu'à dire que vous êtes le mieux placé pour le faire. Vous pouvez même vouloir le faire. Cependant, vous ne le voulez pas, ou n'avez pas suffisamment besoin de le faire pour que cela devienne une priorité. Il y a toujours quelque chose que vous avez davantage envie ou besoin d'accomplir.

Vous avez vraiment besoin de ranger le garage. Cela vous gêne de demander à quelqu'un d'autre de le faire et qu'il voie le désordre que vous y avez mis ! En attendant, le garage reste, semaine après semaine, un immonde dépotoir. Ce genre de procrastination peut s'épuiser d'elle-même. Alors que d'autres tâches sont faites, ce qui au départ était au bas de la liste des priorités finit par arriver en tête – particulièrement si vous achetez une nouvelle voiture et souhaitez vraiment avoir un garage pour la mettre.

Considérez une tâche que vous évitez de faire et voyez si vous pouvez la reclasser à l'aune du bénéfice ultime que vous en tirerez. Par exemple : « Si je ne range pas le garage, je n'aurais nulle part où mettre la nouvelle voiture (ou même le vieux tacot) à l'abri des intempéries. »

Voilà pour la motivation négative. La motivation positive a tendance à avoir plus de force. Reformulez votre assertion de façon positive :

« Si je range le garage, j'aurai *enfin* de la place pour y mettre la voiture ! »

Considérez-en alors les avantages collatéraux :

- ✓ Vous n'aurez plus à y penser ;
- ✓ Votre cher époux(se) cessera de vous importuner à ce sujet ;
- ✓ Cela vous fera de l'exercice ;
- ✓ En y travaillant, vous pourrez en profiter pour suivre le match ou écouter de la musique.

Au fait, c'est ce raisonnement qui m'a conduit récemment à ranger mon garage, ce que je devais faire depuis très longtemps. J'essaye de mettre en pratique les conseils que je donne.

Raison 4 : Vous n'êtes pas suffisamment expert pour accomplir cette tâche comme il faut

Ce que les écrivains appellent indûment « la peur de la page blanche » est souvent tout simplement le processus inconscient de notre esprit qui nous fait croire que nous ne sommes pas assez doués pour mettre par écrit ce que nous avons à dire maintenant. Ce qui est vrai pour les écrivains l'est aussi dans d'autres domaines. Peut-être n'en savez-vous pas encore assez pour bien faire ce travail. Vous n'avez peut-être pas identifié ou admis consciemment cette croyance, mais elle agit à un niveau plus profond et remonte à la conscience sous forme de forte aversion à accomplir la tâche, ce qui alimente la procrastination. Cherchez l'information nécessaire ; et, si tous les autres moyens ont échoué, lisez le mode d'emploi (le tout dernier recours pour beaucoup d'hommes, y compris moi, en cas de situation désespérée).

Attention cependant : ne recherchez que l'information dont vous avez besoin. Être en éternelle recherche peut constituer un autre moyen de différer une tâche, et il est beaucoup plus facile de lire une marche à suivre que de s'y mettre réellement. Vous pourriez toujours en savoir plus. Limitez-vous à ce dont vous avez besoin, et mettez-vous au travail.

Raison 5 : Vous ne voulez pas, tout simplement !

Sur une échelle de préférence de 1 à 10, le 1 étant « Plutôt mourir » et le 10 « Laissez-moi m'en occuper », retirer les graminées des poils de mon chien se range environ à l'échelon -2. C'est déplaisant. C'est sale. C'est même dangereux : il n'aime pas du tout qu'on s'y attaque ! C'est la torture pour lui comme pour moi, et aucun de nous deux n'en ressort heureux.

Lorsque vous vous retrouvez face à une tâche notée -2, vous avez trois possibilités, et nul besoin d'un livre sur la gestion du temps pour vous dire lesquelles :

1 – Vous n'allez pas plus loin ;

2 – Vous payez quelqu'un pour cela ;

3 – Vous retroussez vos manches et vous vous y attelez.

À vous de choisir, mais quel que soit ce choix, vous devez en accepter les conséquences. Si la troisième option est la meilleure, en dépit de vos réticences, eh bien allez-y et faites-le.

Sept astuces pour s'y mettre rapidement

Le problème de la procrastination n'est pas pour autant résolu lorsque vous en identifiez la cause, y faites face, et que vous vous faites violence pour commencer. Vous gardez toujours ce mouvement de recul que l'on éprouve lorsqu'on se trouve face à une tâche odieuse.

Voici trois astuces pour vous y préparer, trois autres pour vous y mettre effectivement, et une pour persévérer si vous avez du mal à aller jusqu'au bout.

Se préparer à la tâche

1. Préparation mentale

En 1912, Charles Haanel a écrit *La clé de la maîtrise*[20]. Sa promesse était simple, directe et exhaustive : « La clé de la maîtrise vous aidera à résoudre tous vos problèmes. » Il appelait le subconscient « un étranger qui vous veut du bien et qui travaille pour vous. » Même parmi toutes les études postérieures réalisées sur la créativité et les théories sur le fonctionnement du cerveau, je n'ai jamais lu de meilleure description du mystère de ce que nous appelons « l'inspiration ».

---

20. *The Master Key System*, écrit en 1912 et publié en 1916 chez Psychology Publishing, St Louis, disponible en français sous *La clé de la maîtrise*, éd. Stock, 2007.

Haanel affirme que nous pouvons faire appel à cet étranger bienveillant et le faire travailler pour nous chaque fois que nous en avons besoin. Il suffit de dire à notre subconscient ce que nous voulons exactement accomplir. Il ne s'agit pas de donner des ordres. Il ne s'agit pas de dire à notre subconscient comment accomplir cette tâche. Simplement, on dépose l'idée et on donne à cette grande zone mentale qui s'étend au-delà de notre pensée consciente du temps pour pondérer la chose, faire le tri et élaborer. Votre « étranger bienveillant » associera des images et des idées, rassemblera de l'énergie et générera de l'enthousiasme pour ce projet.

On appelle cela une « visualisation positive », je crois. Quel que soit le nom que vous lui donnez, ça marche réellement. Effacez ces films-catastrophe mentaux négatifs : ils alimentent lourdement la peur et la réticence qui accompagnent certains des défis auxquels vous êtes confrontés. En revanche, passez dans votre cinéma mental des histoires qui finissent bien.

2. Préparation physique

Avant de commencer, assurez-vous d'avoir sous la main tous les outils dont vous avez besoin. Lorsque vous déterminez le moment de votre action, définissez-en également le lieu. En procédant ainsi, vous apprendrez à votre esprit à se concentrer et à être prêt chaque fois que vous retournerez à cet endroit.

Si cette tâche doit s'accomplir en plusieurs fois, essayez de trouver un lieu où vous pourrez tout laisser en l'état lorsque vous quitterez temporairement ce travail. Cela vous évitera de passer du temps à tout ranger et à tout sortir à chaque fois que vous vous y remettrez.

3. Balisage du parcours

Avant de vous lancer, ayez bien présent à l'esprit où vous voulez aller et passez en revue les moyens que vous vous donnez pour y parvenir. Pourquoi acceptez-vous de relever ce défi ? Qu'espérez-vous accomplir ? Concentrez-vous sur le but.

Si votre travail doit s'accomplir en plusieurs phases, commencez par les mettre par écrit. Je ne vous demande pas d'élaborer un plan détaillé avec des chiffres romains, mais d'écrire une simple liste. Si vous n'êtes pas sûr de l'ordre dans lequel procéder, écrivez les différentes étapes comme elles vous viennent à l'esprit. Vous les numéroterez par la suite.

Si vous vous préparez à faire quelque chose que vous avez déjà fait de nombreuses fois mais que vous avez toujours tendance à repousser, ces trois actions préliminaires ne vous prendront que quelques secondes ; elles valent cependant la peine d'être accomplies. Maintenant, respirez profondément. Vous êtes prêt à commencer. Les trois étapes suivantes vous aideront à démarrer sur les chapeaux de roue.

Se mettre au travail

4. Commencez à n'importe quelle étape

Certaines tâches n'ont pas besoin d'être accomplies dans un ordre défini. Si vous n'êtes pas prêt à commencer par le commencement, commencez par autre chose.

Lorsqu'un réalisateur tourne un film, il traitera les scènes dans le désordre. Par exemple, il programmera en même temps le tournage des séquences filmées au même endroit.

Il en fera de même pour toutes les scènes dans lesquelles le héros apparaît barbu, ainsi que toutes celles au cours desquelles une grande vedette fera une brève apparition dans le film. Puis, le monteur remettra tout dans le bon ordre afin d'obtenir une histoire cohérente.

D'autres tâches, bien sûr, doivent être exécutées selon un ordre précis. Un plombier doit couper l'eau avant de retirer les tuyaux. Cependant, un certain nombre de travaux laissent suffisamment de souplesse pour vous permettre de choisir de commencer de l'une ou l'autre façon.

L'important n'est pas *par où* vous commencez, mais uniquement *que* vous commenciez. Aussi…

5. … commencez, quoi qu'il arrive

Certains écrivains sont en proie à ce qu'ils appellent « la page blanche ». Les poètes sont particulièrement sujets à ce type de malaise. Ceux qui doivent écrire à très brève échéance ne connaissent pas le syndrome de la page blanche. Ils écrivent lorsqu'ils ne se sentent pas bien. Ils écrivent alors qu'ils n'en ont pas envie. Ils écrivent alors qu'ils sont très occupés. Quoi qu'il en soit, ils écrivent. Peut-être ont-ils recours à la pensée positive. Peut-être s'imaginent-ils dans la longue file des chômeurs s'ils ne commencent pas à frapper les touches de leur clavier. De toute façon, ils écrivent. Il en est de même pour le blocage du plombier, le blocage du pilote de ligne, et particulièrement le blocage parental.

Faites le travail, que vous vous sentiez inspiré ou non. Si vous savez ce que vous faites et que vous y consacrez le meilleur de vos efforts, ni votre humeur, ni votre motivation (ou votre manque de motivation) ne se verra dans le résultat final. Personne ne sera capable de dire si vous aviez ou non envie de le faire. En fait, tout le monde s'en moque. Ce qui intéresse les gens, ce sont les résultats, et ces résultats peuvent être bons indépendamment de votre état psychologique lorsque vous l'avez mis en œuvre.

6. Fermez la porte aux critiques

Nous faisons tous des erreurs. La plupart d'entre nous réussissons à les faire en privé, et nous avons souvent l'occasion de les réparer avant que quiconque s'en rende compte. D'autres ont moins de chance. Lorsque Brett Favre [21] laissait échapper la balle de l'équipe des Green Bay Packers (et ça lui est arrivé souvent, aussi grand joueur qu'il fût), la moitié de l'univers connu le voyait faire – ou du moins c'était votre impression si vous habitiez dans le Wisconsin. À ce stade, il ne pouvait plus récupérer la passe et l'envoyer ailleurs.

Je connais des écrivains qui écrivent leur premier jet de brouillon comme si tout un stade de fans déchaînés plus des millions de téléspectateurs regardaient chaque touche qu'ils frappent sur leur clavier. Pire encore, ils ont impression d'entendre leur éditeur, leur professeur de français et d'autres critiques vocales les semoncer depuis les marges de leur manuscrit, avides d'épingler chaque participe mal accordé.

Pourtant, l'écriture – comme bien d'autres travaux – est un processus en deux étapes. D'abord vous le faites puis, vous-même ainsi que d'autres procédez à une évaluation. Après cette remontée, vous pouvez affiner et modifier votre texte. Au stade initial de l'œuvre créative, il vous faut évacuer toute inquiétude sur des jugements ultérieurs, faute de quoi

21. Star du football américain qui s'est illustré dans l'équipe des Green Bay Packers de 1992 à 2008 (N.d.T.).

vous verrez l'échec dans les yeux de cet arbitre invisible. Cette peur vous empêchera de donner le meilleur de vous-même – pour autant que vous arriviez à commencer tout court.

Conserver l'élan

Si vous êtes obligé de laisser de côté votre tâche avant d'avoir été au bout de votre projet, une dernière étape peut vous aider à vous y mettre rapidement la prochaine fois que vous reprendrez ce travail.

7. Arrêtez-vous avant d'avoir besoin de le faire

Être pris dans l'élan procure une grande satisfaction, surtout lorsque vous avez beaucoup à faire et peu de temps pour l'accomplir. Lorsque vous êtes lancé, la dernière chose que vous souhaitez est de vous interrompre. Le bon sens vous dit de surfer sur la vague aussi loin qu'elle vous portera.

Si vous travaillez trop longtemps, vous pouvez vous épuiser ou vous heurter à une difficulté qui va vous couper les ailes. Vous arrêtez ce travail dans de mauvaises conditions, et vous emportez ce sentiment d'échec avec vous ; il se transforme alors en peur d'avoir à reprendre la tâche pour recoller les morceaux.

Ce problème peut être le vôtre si vous avez tendance à bien commencer les choses sans réussir à bien les terminer, ce qui vous pousse à laisser un certain nombre de projets en chantier. Il est alors beaucoup plus censé de vous arrêter avant d'être épuisé ou dans une impasse. Arrêtez-vous à mi-course (ou, littéralement, au milieu d'une phrase si vous êtes écrivain), sûr de ce que vous aurez à faire quand vous vous y remettrez. Vous reprendrez alors cette tâche avec confiance, voire avec avidité. Vous ne perdrez pas de temps à vous y replonger parce que vous êtes empêtré dans une difficulté.

ᴄᴙ

Vous voilà à présent armé d'un plan d'action simple, en sept étapes, qui vous permettra de prendre à bras-le-corps toute tâche à accomplir. Mais que dire de celles que vous ne devriez pas faire du tout ? Les éliminer constitue le cœur d'une gestion du temps efficace. Dans les deux chapitres suivants, nous verrons comment gérer toutes ces machines qui nous compliquent la vie, et comment contenir le flot d'informations qui menace de nous noyer.

Prêt ? Ne remettons pas à demain. Allons-y !

Exercice

Le premier pas contre la procrastination consiste à découvrir la raison pour laquelle vous remettez au lendemain certaines actions. Je viens d'exposer dans ce chapitre cinq causes fondamentales. Cette liste n'est en aucun cas exhaustive.

Raison 1 : Vous n'avez pas vraiment engagé votre volonté dans l'accomplissement de cette tâche, ou bien vous ne pensez pas devoir l'accomplir.

Raison 2 : Cette tâche vous fait peur, ou bien vous craignez les conséquences de son achèvement.

Raison 3 : Cette tâche n'est pas suffisamment une priorité pour vous, aussi est-elle sans cesse devancée par d'autres priorités.

Raison 4 : Vous n'êtes pas suffisamment expert pour accomplir cette tâche comme il faut.

Raison 5 : Vous ne voulez pas, tout simplement !

Pour lutter contre la procrastination, commencez par dresser une liste de ce que vous avez tendance à remettre au lendemain. Sur cette base, vous pourrez mettre en place un plan d'action. Si vous avez des difficultés à trouver des éléments à porter sur votre liste, c'est peut-être que la procrastination n'est pas votre problème. Vous êtes peut-être le genre de personne qui commence par les travaux difficiles et ingrats afin d'en avoir terminé avec eux. Si c'est le cas, continuez à suivre ce bon instinct et n'allez pas plus loin dans ce chapitre. Vous n'en avez pas besoin.

Si ce n'est pas votre cas – ce qui vaut pour 99 % d'entre nous – l'exercice suivant peut se révéler utile. Vous estimez faire partie de l'écrasante majorité des « procrastinateurs » ? Lancez-vous et rédigez votre liste.

Ma « liste de ces maudites choses qu'il va bien falloir faire »

....

....

....

....

....

....

Gardez cette liste sur vous toute une journée et ajoutez-y des éléments au fur et à mesure qu'ils vous viennent à l'esprit.

En fin de journée, si possible deux ou trois heures avant d'aller vous coucher, consacrez vingt minutes à vous retourner sur les mensonges et les justifications que vous vous racontez probablement (nous sommes tous si doués pour ce genre de choses !), afin de découvrir les vraies raisons de votre réticence. Sélectionnez un des éléments de votre liste, une tâche que vous rechignez particulièrement à entreprendre, et développez-la pendant quinze minutes. Exprimez ce que vous ressentez à la pensée de cette tâche. Souvenez-vous de la dernière fois que vous l'avez entreprise. Est-ce que ce sentiment – de peur, de révulsion, de ressentiment, s'atténuait lorsque vous vous y mettiez réellement ? Y a-t-il eu quelque chose de positif dans cette expérience ?

Ma méditation sur une tache odieuse

....

....

....

....

....

....

À présent, écrivez-vous un petit mot pour vous expliquer à vous-même comment vous aborderez cette tâche différemment la prochaine fois.

Prenez le temps de rédiger maintenant :

....

....

....

....

....

Prenez votre réticence de front. Répondez à vos peurs et à vos fuites. Puis, le moment venu, attaquez-vous résolument à cette tâche, et terminez-la. Pendant que vous l'accomplissez, remarquez le changement de vos sentiments à son égard. Vous pouvez vous rendre compte que, une fois que vous vous êtes vraiment mis à ce travail redouté, il n'est pas aussi terrible que vous le craigniez.

Si cette façon de procéder fonctionne bien sur une tâche, essayez-la sur une autre. Au bout d'un temps, vous serez capable d'un discours intérieur plus positif sur chaque expérience particulière, et vous aurez commencé à vaincre l'habitude de la procrastination. Vous n'effacerez pas toute une vie de sentiments négatifs mais vous pouvez développer une approche nouvelle, productive, qui prendra la place de l'ancienne, destructrice.

En cela, comme en toute chose, demandez, à chaque étape du chemin, l'aide du Père du Ciel qui vous aime, et comptez sur Lui pour vous relever lorsque vous trébuchez.

Chapitre 9

Apprivoiser les machines

Lorsqu'Alexander Graham Bell inventa le téléphone, la première chose qu'il fit fut de passer un appel à son assistante dans la pièce d'à côté pour la sermonner. Depuis lors, nous dansons au rythme de la sonnerie du téléphone. Les téléphones portables sont partout, y compris, hélas, dans les cinémas, les restaurants et les églises. La sonnerie du téléphone portable est devenue aussi agaçante pour les convives que de respirer la fumée des autres.

Les vols commerciaux et les voitures de location nous sont proposés équipés de téléphones. En Californie, vous pouvez les acheter en distributeur. À quand le téléphone portable sous forme d'implant ? Pour très bientôt, j'espère !

Nous pouvons utiliser des touches de raccourci et recomposer le numéro automatiquement. Nous avons le transfert d'appel, l'appel en attente et le blocage d'appel. La boîte vocale gardera une trace de tout appel entrant que nous aurions, malgré tout, réussi à manquer, et ce, que nous le voulions ou non.

Nous disposons de tout cela, semblerait-il, en premier lieu afin de pouvoir dire à quelqu'un où nous nous trouvons et en combien de temps nous arriverons à destination.

Parfois, lorsque nous essayons de joindre une personne par téléphone, nous entendons, au lieu de l'avoir directement, un automate nous dire :

« Si vous appelez pour un rendez-vous, tapez 1.
Si votre appel concerne une urgence, tapez 2.
Si vous souhaitez parler à l'un de nos conseillers, bonne chance. »

Le téléphone est l'exemple typique d'une technologie qui nous a échappé à nos dépens, tant nous l'avons surutilisée, tant nous en avons abusé. C'est un outil incroyablement utile, tout comme le sont l'ordinateur, internet, le GPS, et toutes les autres merveilles de la technologie moderne dont nous apprenons très vite à ne plus pouvoir nous passer. Cependant, nous devons nous assurer que nous sommes bien les maîtres de la technologie et non pas ses esclaves. Pour cela, nous devrions calculer le temps et l'énergie que nous coûtent réellement tous nos gadgets.

Déterminer avec précision le vrai coût de la technologie

1. Le temps passé à choisir

La fable du téléphone. Écoutez bien, les enfants. Il était une fois, il y a bien longtemps, le téléphone était noir et avait un cadran (avez-vous remarqué que nous continuons de dire que nous « composons » un numéro de téléphone : les jeunes actuellement n'ont jamais vu de téléphone à cadran circulaire.) Le seul choix possible lors de l'achat d'un téléphone était d'avoir ou non un cordon extra-long pour l'accrocher au mur. Oui, les enfants, à l'époque, les téléphones devaient être branchés, et vous ne pouviez même pas emporter le combiné avec vous pour vous déplacer d'une pièce à l'autre.

C'est vrai qu'il n'y avait pas beaucoup de possibilités, mais cela rendait beaucoup plus facile l'achat d'un téléphone.

Aujourd'hui, nous avons de nombreux choix ; et quels choix ! Non seulement la forme, la taille et les fonctions du téléphone, mais également le choix de l'opérateur et du forfait. C'est bon d'avoir du choix. Nous aimons tous avoir le choix. Mais le choix prend du temps et de l'énergie, et peut nous mettre dans la confusion ; nous pouvons même nous sentir complètement perdus.

2. Le temps d'apprendre à s'en servir

Les téléphones à l'ancienne n'étaient pas livrés avec un manuel d'utilisation. Personne n'avait besoin qu'on lui explique comment utiliser son téléphone. Vous preniez le combiné, attendiez la tonalité et composiez le numéro ou bien parliez à l'opérateur qui vous mettait en relation.

Maintenant, bien sûr, tout est livré avec un mode d'emploi, souvent ni court ni concis, parfois incompréhensible. Se faire une simple tasse de café doit aujourd'hui passer par un véritable apprentissage – alors que peut-être que tout ce que vous vouliez, c'était juste une tasse de café.

Si vous voulez calculer l'aide qu'un outil technologique vous apporte, n'oubliez pas de compter le temps que vous avez passé sur la pente glissante de l'apprentissage, ainsi que le temps perdu à faire des erreurs.

3. Le temps de la maintenance et des mises à jour

Vous finissez par maîtriser la machine (certains d'entre nous sont plus rapides que d'autres). Vous et votre jouet formez une équipe gagnante. Puis un matin, horreur ! Vous appuyez sur la touche ou sur l'interrupteur, et il ne se passe rien, ou pire : il se passe plein de choses, mais rien de bon.

Votre partenaire, votre compagnon, se met en grève.

Beaucoup d'entre nous deviennent très doués dans l'utilisation des machines, mais très peu sont capables ne serait-ce que tenter de les réparer. Le seul « remède » que j'aie jamais su appliquer est une procédure très simple en trois étapes que je suis invariablement lorsque mon ordinateur se plante. Premièrement, je crie dessus. Deuxièmement, je tape dessus avec le plat de la main. Et si cela ne marche pas, je redémarre l'ordinateur.

Si ces techniques, aussi subtiles et raffinées qu'elles puissent être, ne rendent pas la vie à ma machine, je me vois dans l'obligation de demander de l'aide, d'attendre qu'elle arrive, et de payer pour qu'elle me soit fournie. Ce n'est pas sans raison que nous appelons ces temps passés à attendre des « temps morts ». Nous ne pouvons rien faire sans nos fabuleux gadgets.

4. Que faire des temps morts ?

Alors même que nous maîtrisons la technologie, nous en sommes également dépendants. Il y a des années, j'écrivais mes livres sur une machine à écrire électrique – vous vous souvenez de la machine à écrire, ce merveilleux appareil de légende d'où sortait une feuille de papier. Je suis même assez vieux pour avoir écrit des pages et des pages sur une machine à écrire manuelle (« Regarde, M'man ! Sans la prise ! »). J'ai eu bien du mal à m'adapter à la machine à écrire électrique, sans parler de l'ordinateur.

Même si je peux éprouver de la nostalgie en pensant à la vieille machine à écrire mécanique de mon grand-père, je ne voudrais jamais, au grand jamais, y revenir ! Maintenant que j'ai appris à me servir d'un ordinateur, j'en raffole ! Il fait de moi un meilleur écrivain, parce que j'ai de meilleurs outils de correction. Je suis plus enclin à tenter ma chance à écrire parce que le prix de l'erreur se réduit à un clic pour effacer.

Quand bien même je voudrais revenir à la machine à écrire, à ma connaissance, la dernière boutique de Madison qui en vendait et les réparait a cessé son activité il y a des années.

Cela n'empêche que lorsque mon ordinateur s'étrangle sur un octet ou en cas de coupure de courant, c'est moi qui cesse mon activité !

Il en résulte qu'en plus du prix d'achat, le coût réel de la technologie comprend :

✓ Le temps de l'achat

✓ Le temps d'apprentissage à s'en servir

✓ Le temps passé à l'entretien et à la réparation

✓ Les temps morts

Cependant, n'est-il pas vrai que ce temps passé est compensé par un gain en efficacité ? Après tout, en nous offrant le « bureau sans papier », l'ordinateur était censé précipiter l'avènement de l'Âge du Loisir, au cours duquel notre plus grand problème serait de savoir comment passer tout le temps libéré grâce à nos machines.

Alors, qu'est-il arrivé à tout ce temps ? Tout comme l'argent que j'ai économisé lorsque j'ai arrêté de fumer, il semble s'être évaporé. Voici trois explications.

Où le « temps gagné » est-il vraiment passé ?

1. Le leurre des objectifs de plus en plus élevés

Au lieu de réduire le temps passé à écrire un rapport, nous avons augmenté la taille, la complexité et le nombre de rapports à rédiger. Nous avons échangé le « temps gagné » contre la « productivité accrue », et tout cela au nom de l'idéal d'un niveau de vie plus élevé pour nous-mêmes et pour nos familles.

2. Le syndrome de la dernière minute

À l'époque où nous n'avions que le courrier postal, nous déterminions nos délais en fonction du temps d'acheminement. Le Chronopost nous a permis de repousser ce délai d'un jour ou deux. Le fax nous permet d'attendre jusqu'à l'avant-dernière minute, et le mail nous autorise à transmettre les informations au moment même où nous les écrivons (ce qui est souvent une grosse erreur !). Aucun de ces nouveaux moyens ne nous économise de temps ; ils n'ont pour effet que de nous faire remettre les tâches à plus tard.

3. Le phénomène du « tout le monde y va »

Lorsqu'on construit un télépéage pour soulager les embouteillages sur une autoroute, les voitures se précipitent vers le télépéage. Bientôt, ces nouvelles voies sont encombrées, et nous commençons à réfléchir à la façon de mettre en place un télépéage du télépéage.

De la même façon, le volume des communications finit par emplir les canaux que nous avons créés pour qu'elles circulent. Nous nous trouvons alors confrontés à un gros problème : la technologie censée nous libérer a en fait resserré l'étau du temps dans lequel nous sommes piégés. Voici comment nous en sortir :

Trois conseils pour maîtriser la technologie

1. N'achetez que ce dont vous avez besoin

La course aux armements – cette frénésie malsaine qui consistait, pour l'Union soviétique et les États-Unis, à amasser de l'armement nucléaire de façon à pouvoir détruire plusieurs fois le voisin et le reste du monde – s'est peut-être quelque peu calmée, mais beaucoup d'entre nous continuons à nous engager dans la course au Giga.

Votre magnifique nouvel ordinateur devient soudainement obsolète à partir du moment où l'on vous dévoile le nouveau modèle, plus moderne, plus clinquant, plus puissant. Pourtant, votre ordinateur actuel est-il vraiment devenu déficient uniquement parce qu'un autre, plus perfectionné, est actuellement sur le marché ? Si la technologie que vous possédez continue à faire ce que vous voulez et à répondre à vos besoins, il est inutile d'en acquérir une nouvelle, « meilleure ».

2. N'apprenez que ce que vous avez besoin de savoir

Je peux conduire une voiture équipée soit d'une boîte manuelle, soit d'une boîte automatique. Je sais faire un plein d'essence et nettoyer mon pare-brise ; et je connais le numéro de téléphone de Dean. Dean, c'est mon garagiste. Je ne suis pas plus capable de réparer ma voiture que de voler en faisant des moulinets avec les bras. Je laisse les réparations à Dean et à son équipe.

Je ne comprends pas non plus le fonctionnement des ordinateurs. Je sais écrire et éditer mes manuscrits et faire les mises en page de ma newsletter. Bien sûr, je ne connais pas toutes les subtilités de mon logiciel de mise en page, mais je sais faire tout ce que je veux et ai besoin de faire. Quand j'aurai besoin d'en savoir plus, j'apprendrai davantage – mais pas avant.

3. Créez des zones hors connexion

Avez-vous vraiment besoin d'être joignable vingt-quatre heures sur vingt-quatre et sept jours sur sept ? Êtes-vous obligés de répondre à chaque fois que le téléphone sonne, et à chaque mail au moment même où il arrive ? Certaines personnes, comme le médecin de garde, ont cette obligation d'accessibilité. Cependant, pour moi, ce genre de disponibilité serait une forme de complaisance, une façon de me sentir important, et peut-être même de remettre à plus tard le vrai travail à accomplir. En général, je réponds à mes étudiants et à toutes leurs questions dans un délai de vingt-quatre heures, sauf le dimanche ; quand je sais que je suis occupé, je les avertis d'un retard possible. Mes étudiants par correspondance qui écrivent des romans sont rarement confrontés à des urgences concernant le plan ou l'intrigue de ce qu'ils souhaitent écrire, du moins rien qui ne souffre d'attendre une heure ou deux, ce qui est presque toujours gérable.

Je planifie dans ma journée de travail des plages sans téléphone ni mail, parce que j'ai besoin d'être disponible pour d'autres tâches (comme celle de réfléchir). Également, au moment de conclure ma journée de travail, j'ai besoin de pouvoir m'extraire de tout ce qui concerne ma vie professionnelle.

De la même façon qu'il vous faut gérer l'utilisation des machines dans votre vie, vous avez également besoin de contenir le flot d'informations dont ces mêmes machines vous envahissent, et qui menacent de nous engloutir tous. Dans le chapitre suivant, nous évoquerons des moyens d'éviter d'être emportés dans un torrent d'informations – vraies ou fausses.

Exercice

La technologie est merveilleuse – sauf quand elle ne l'est pas. Autrefois, j'écrivais mes livres sur une vieille machine à écrire mécanique et allais à la bibliothèque pour faire mes recherches. Je me souviens même, dans un passé lointain, avoir griffonné des mots sur un papier avec un outil appelé crayon. Donc je pense que si vous me preniez mon ordinateur et, avec lui, mon accès à internet, je serais toujours capable d'écrire un livre ; seulement, je ne voudrais sûrement pas m'y mettre !

Une fois vaincues l'appréhension et la timidité devant l'appareil, mon ordinateur est devenu mon partenaire de travail, et il me rend de bons et loyaux services. J'écris plus vite et avec plus d'assurance. Je prends plus de risques parce que je peux si facilement effacer, remplacer, et déplacer des mots. Je relis mieux parce que c'est devenu si simple ; de plus, la relecture est toujours une bonne chose pour un écrivain.

Je peux également, d'un simple clic pour une plongée rapide dans le grand bassin d'informations d'internet, vérifier l'orthographe, la signification des mots, leurs dérivés, et faire des recherches sur différents sujets. Ah, nager dans le monde d'internet est tellement plus facile et plus amusant que de se démener avec des mots jusqu'à ce qu'ils soient dans le bon ordre ! Je peux facilement justifier toute excursion dans le cyberespace ; il s'y trouve toujours quelque chose susceptible de m'intéresser.

Il doit y avoir un nom pour ce genre d'activité : la recherche sans fin d'informations dans un cercle qui va s'élargissant. Je vais peut-être aller tout de suite voir en ligne si je trouve ce mot.

Vous voyez ce que je veux dire ?

Et vous ? Votre fidèle ami l'ordinateur est-il devenu autant une tentation qu'un outil ? Et votre téléphone portable ?

Est-ce que vous recherchez des émissions spécifiques à regarder à la télévision, ou bien allumez-vous votre poste et regardez-vous ce qui passe maintenant ? Si cette seconde attitude est la vôtre, il se peut que vous abusiez de ce grand conteur d'histoires.

Il est temps de faire un bilan. Faites la liste des technologies que vous employez couramment. Faut-il y ajouter votre ouvre-boîtes électrique ? Probablement pas, étant donné qu'il a peu de chances de vous occuper inutilement, à moins que vous n'aimiez passer des heures à ouvrir des boîtes de conserve. À vous de voir ce que vous souhaitez mettre dans votre liste. Nous l'appellerons :

La liste des machines dans ma vie

....

....

....

....

....

....

Êtes-vous surpris par l'un ou l'autre des éléments que vous avez portés sur votre liste, quelque chose dont vous vous servez couramment et que vous ne considérez plus du tout comme de la « technologie » ?

Expurger et réformer

Mettez votre liste de côté pendant vingt-quatre heures. Quand vous y reviendrez, voyez si vous souhaitez y ajouter d'autres éléments.

Une fois votre liste achevée, il est temps d'y rechercher les éléments ou les applications que vous avez besoin d'expurger de votre vie. Je parle sérieusement. Votre Gameboy est-elle devenu quelque chose qui ressemble à une dépendance, un trou noir qui avale plus de temps que vous ne souhaitez l'avouer, même à vous-même ? Vous sentiriez-vous mieux si vous n'aviez pas, sur votre ordinateur, de jeu de solitaire susceptible de vous tenter ?

Cochez tous les éléments que vous seriez tenté d'oublier, que ce soit un jeu, un site internet parmi vos favoris ou une émission de télévision qui a cessé d'être un plaisir coupable et est devenue simplement quelque chose à regarder.

Henry David Thoreau[22] a réussi à vivre sans rien de tout cela. Suivez son conseil dès à présent et « Simplifiez ! Simplifiez ! »

Mettez par écrit votre propre déclaration d'indépendance et gardez-la à portée de main. Sans aucun doute, vous ne

---

22. Essayiste, philosophe et poète américain (1817-1862), auteur de *Walden ou la vie dans les bois*, écrit en 1858 et disponible chez Gallimard, Paris, 1990. Dans cet ouvrage, il livre ses réflexions sur une vie simple et loin de la société. (N.d.T.).

supprimerez ni l'ordinateur, ni internet. Personnellement, je n'ai certainement pas l'intention de m'en débarrasser, étant donné que ce qu'ils m'apportent de positif est de loin bien plus conséquent que leurs aspects négatifs, du moins pour l'instant. Mais halte aux excès ! Engagez-vous à devenir le maître de votre machine plutôt que son esclave !

Ce faisant, vous reprendrez un peu de ce précieux temps dont vous avez si désespérément besoin.

Chapitre 10

Canaliser l'information

Toute l'information du monde se trouve aujourd'hui littéralement à portée de main. Avec un ordinateur portable et le Wifi, nous pouvons aller n'importe où tout en gardant l'accès à tous ces merveilleux moteurs de recherche. Nous n'avons pas besoin de savoir quoi que ce soit, parce que nous pouvons toujours poser la question en ligne. Voilà la bonne nouvelle.

La mauvaise nouvelle, c'est que nous avons également accès à des tonnes d'informations dont nous ne voulons pas ou dont nous n'aurions pas besoin même si nous avions cent vies, et à travers lesquelles nous sommes souvent obligés de naviguer avant d'obtenir ce que nous cherchons. Et lorsque nous y arrivons, une grande partie de ce que nous trouvons est inexact, et une autre portion est tout simplement du n'importe quoi.

Au cours de nos recherches d'informations, il nous revient de trouver ce qui est bon tout en évitant ce qui est mauvais, inadapté, inepte, et, plus important que tout : convaincant mais faux. Comme quelqu'un l'a dit un jour : « Ce qui nous cause des ennuis, ce n'est pas ce que nous ne savons pas, c'est ce dont nous sommes sûrs alors que c'est faux. »

Inutile de rechercher la désinformation : si vous utilisez le mail, c'est elle qui viendra vous trouver. Par exemple :

ATTENTION : DES EXTRATERRESTRES KIDNAPPENT DES VOYAGEURS INSOUCIANTS, LES METTENT EN TRANSE ET LEUR RETIRENT UN REIN POUR LE VENDRE SUR LE MARCHÉ NOIR. CECI N'EST PAS UN CANULAR ! CELA SE PASSE RÉELLEMENT !

FAITES SUIVRE IMMÉDIATEMENT CE MESSAGE À DIX DE VOS AMIS, OU BIEN VOUS SEREZ LA PROCHAINE PERSONNE À PERDRE UN REIN !

Ce genre d'alerte vient généralement d'amis bien intentionnés et est souvent introduite par une phrase du style : « Je ne fais jamais passer ce genre de message, mais cette fois-ci… »

Supprimez ce message et attendez le suivant qui vous parviendra sous forme d'excuse : « Pardon, il se trouve que c'était en fait un canular. Pourtant, j'étais sûr… »

En plus de canulars, nous avons les spams, cette vague sans fin de sollicitations pour des prêts à intérêt très bas, des programmes d'amaigrissement et des « Occasions de gagner de l'argent rapidement ». Beaucoup de gens essayent de nous dérober notre identité. Par exemple, un message qui prétend venir de votre banque vous « informe » qu'il y a un problème avec votre compte, et vous demande de fournir immédiatement vos coordonnées bancaires afin de pouvoir le résoudre.

Répondre à des sollicitations aussi pernicieuses peut être préjudiciable aussi bien à votre réputation qu'à votre porte-monnaie. Les spams ne coûtent pratiquement rien à envoyer, et les auteurs de canulars n'ont besoin de tromper qu'une personne sur un million pour que leur tactique paie. Bien sûr, vous êtes assez intelligent pour reconnaître un spam quand il arrive, mais ce courrier indésirable, à cause de son volume, prend du temps à isoler et à effacer. Une fois que vous avez séparé les pourriels de ce que vous souhaitez vraiment recevoir, il faut encore vérifier s'il s'agit d'une bonne information ou de poudre aux yeux. Voici comment :

Cinq moyens de vérifier la validité d'une information

1. Vérifiez-en la source

Demandez toujours : « qui a dit ça ? » La notoriété n'est pas synonyme de crédibilité ; même des sources très connues et largement citées peuvent avoir tort.

2. Cherchez d'où vient l'information

Au moment où vous la recevez, l'information peut être passée par de nombreux ordinateurs et avoir été filtrée par de nombreuses intelligences. Voyez si vous pouvez remonter à son origine.

3. Vérifiez la date

Comme le lait ou le yaourt, l'information a une date de péremption et peut se gâter. De la même façon que vous regardez la date limite d'utilisation optimale sur l'emballage d'un fromage, vérifiez la date de la dernière mise à jour du site.

4. Distinguez le fait de l'opinion

Si je vous dis qu'il pleut, vous pouvez vérifier l'exactitude de mes dires. C'est une déclaration factuelle, même si elle est fausse et que le soleil brille. Vous pouvez vérifier, confronter, et même, en dernier recours, prouver l'exactitude d'une telle déclaration ou au contraire la réfuter.

Si je vous dis que c'est du mauvais temps, nous pouvons discuter sans fin sans rien prouver. Il est bien connu que les canards aiment beaucoup la pluie, ainsi que certains humains. « Mauvais » est une opinion et vous ne pourrez jamais vérifier l'exactitude d'une opinion mais uniquement les faits sur lesquels elle se fonde.

5. Confrontez vos sources

Lorsque j'étais à l'école de journalisme, un professeur m'a dit : « Si votre mère dit qu'elle vous aime, essayez de trouver une deuxième source d'information. » Un brin cynique, sans doute, mais vous comprenez ce que je veux dire. En bon reporter, vérifiez l'information en la confrontant à une deuxième et même à une troisième source. Si elles se contredisent, continuez de chercher jusqu'à ce que vous trouviez un consensus fiable.

Est-ce que le fait de mettre un savon sous les couvertures nous protégera d'avoir une crampe au mollet pendant la nuit ? M. Roger a-t-il vraiment été décoré de l'Ordre du Mérite pendant la guerre ? Pour vérifier la véracité de tels dires, allez voir sur des sites internet qui se chargent de démentir les rumeurs[23].

Trois façons d'éviter de se noyer dans l'information

Si tout est à portée de main et si facile d'accès, nous devrions devenir de plus en plus savants, n'est-ce pas ?

23. Par exemple : www.hoaxbuster.com (N.d.T.).

Internet a généré son propre syndrome psychologique : l'« angoisse de l'information », causée par le fossé de plus en plus grand qui se creuse entre ce que nous savons et ce que nous pensons devoir savoir.

Avant même de vérifier une information, assurez-vous d'en avoir vraiment besoin. Pour contenir le raz-de-marée d'informations, voici trois conseils :

1. Autorisez-vous à ne pas tout savoir sur tout

Quel temps fait-il à Zanzibar en Tanzanie ? Je n'ai besoin que de quelques secondes pour m'en informer. Cependant, ai-je vraiment besoin de le savoir ou bien suis-je en train de différer le travail que je devrais faire maintenant ?

Il est facile et amusant de regarder la météo dans le monde entier. Se détourner de l'amusement pour se mettre au travail demande de la discipline. Si, plus tard, vous vous rendez compte que vous avez vraiment besoin de savoir quelles sont les conditions climatiques de Zanzibar, vous pourrez toujours y revenir.

2. Ouvrez, lisez, jetez

Entraînez-vous à ne retenir que les idées principales et à ne rechercher que des informations spécifiques. Ne prenez que ce dont vous avez besoin. Grâce au temps que vous aurez gagné, vous pourrez savourer la joie de raconter une histoire à votre enfant avant qu'il s'endorme ou de lire à haute voix un poème que vous aimez, juste pour le plaisir.

N'imprimez pas, à moins d'être sûr d'en avoir besoin plus tard. Une fois que vous avez généré un morceau de papier, vous allez devoir le traiter, et cela prend du temps.

3. Préparez un dossier de lecture pour les salles d'attente

Nul besoin d'aller chez le docteur pour se retrouver dans une salle d'attente. Elles sont partout, même chez vous. Lorsque quelqu'un vous fait attendre, sortez votre dossier de lecture et donnez à cette attente du sens, ou du plaisir, ou les deux.

Contenir le flot d'informations ne vous épargne pas de vous trouver confronté à une réalité apparue bien des siècles avant internet : l'information ne vaut pas le savoir, et le savoir ne vaut pas la sagesse. Il est tout à fait possible que nous en venions à comprendre de moins en moins à mesure que nous en savons de plus en plus.

Ceci dit, internet est un outil merveilleux. En tant qu'écrivain, professeur et homme curieux, je ne voudrais pas faire sans. Il serait dommage de le snober et de revenir à ne compter que sur M. Dewey[24] et ses décimales toutes-puissantes uniquement parce qu'internet nous ouvre à tant de plaisanteries, caricatures et sites pornographiques qu'on serait « un imbécile de ne pas connaître ». Internet peut tout aussi facilement nous donner accès à des études bibliques, des méditations pour le Carême ou à la sagesse de Thomas Merton. Utilisé correctement, il peut même nous faire gagner du temps.

Dans le prochain chapitre, nous prendrons un petit peu de ce temps que nous avons gagné pour en faire des mini-vacances, en fait quatre mini-vacances chaque jour. Puis, au chapitre suivant, nous nous concentrerons sur le

24. Inventeur en 1876 de la classification décimale des informations dans une bibliothèque, appelée Classification décimale de Dewey (CDD). (N.d.T.).

temps que nous passons à attendre : les files d'attente, les embouteillages, les appels téléphoniques qui ne viennent pas. Vous pouvez utiliser ces laps de temps pour vous détendre et vous ressourcer.

Exercice

Nous sommes à l'ère de l'informatique. La véritable sagesse est aussi difficile à atteindre qu'elle l'a toujours été, mais les faits sont littéralement à portée de main.

Vous cherchez une chambre d'hôtes sur les bords de Loire ? Le meilleur moyen de soulager une piqûre de guêpe ? La hauteur, au centimètre près, du mont Everest ? Allez sur n'importe quel moteur de recherche en vogue sur internet, et en quelques secondes vous obtiendrez votre réponse.

Et non seulement une, mais des centaines et des centaines de réponses. La difficulté à présent ne réside pas dans le fait de trouver mais plutôt dans le discernement entre le bon fruit et le fruit pourri.

Voici quelques conseils de bon sens qui vous aideront à évaluer la valeur et la validité de l'information que vous trouverez :

- ✓ Recherchez la source, et remontez, quand c'est possible, à la source originelle de l'information.
- ✓ Vérifiez la date. Comme le lait ou le yaourt, l'information comporte une date de péremption.
- ✓ Séparez le fait de l'opinion.
- ✓ Confrontez vos sources.

Par-dessus tout, prenez du recul. Parfois, ce que « tout le monde sait » s'avère faux. Par exemple, est-il vrai ou faux que :

- ✓ Il faut nourrir le rhume et affamer la grippe.
- ✓ Toucher un crapaud vous fera pousser des pustules.
- ✓ Si les vaches sont couchées dans le champ, c'est que le poisson mord dans le cours d'eau voisin.
- ✓ Elvis Presley est vivant et travaille pour un studio d'arts martiaux à Council Bluffs dans l'Iowa.

Je suis à peu près sûr que cette dernière affirmation est fausse, bien que je ne sois pas en mesure de le prouver : il est pratiquement impossible d'apporter la preuve d'une déclaration négative. Un de mes amis croit dur comme fer à l'histoire des vaches et du poisson qui mord, mais je ne pense pas que cela tienne la route du point de vue scientifique. En ce qui concerne les deux premiers énoncés, il faudra que je vérifie, mais ce dont je suis sûr c'est que je les ai beaucoup entendus !

En voici un autre, plus facile : qui est la première personne à avoir dit : « Go West, young man [25] » ?

Posez cette question à un groupe de personnes, et vous obtiendrez un fort consensus, si ce n'est l'unanimité : tout le monde sait qu'il s'agit d'Horace Greely, éditeur du respectable *New York Tribune* et co-fondateur du Parti républicain.

Est-ce là votre réponse ? Elle est fausse.

Il est vrai qu'Horace Greely a dit « Go West young man » lors d'un discours très médiatisé, au cours duquel il a

---

25. « Go West, young man, and grow up with the country » : « Pars à l'Ouest, jeune homme, et grandis avec le pays » : cette phrase, écrite en 1851 par John B.L. SOULE dans l'éditorial de Terre Haute Express, était un encouragement à la conquête de l'Ouest américain. À ce titre, elle est une référence historique et emblématique importante dans la culture américaine. (N.d.T).

attribué à juste titre cette phrase à John B. L. Soule, directeur du journal *Terre Haute Express*. Cependant, Greely était de loin le plus célèbre des deux, et les gens se sont obstinés à lui faire porter la paternité de cette phrase.

Il demeure donc que vous trouverez beaucoup d'articles sur internet ou ailleurs qui attribueront cette citation à Greely. Ce fait « universellement connu », qui est en réalité erroné, a été répété si souvent qu'il est à présent considéré comme un fait réel. La prochaine fois que vous serez confronté à ce type de sagesse populaire, voyez si vous pouvez prendre les gens en flagrant délit d'erreur.

Chapitre 11

Le pouvoir de la pause

Lorsque j'étais enfant, l'été s'organisait autour des deux semaines de vacances de Papa. Nous les passions d'habitude au bord d'un lac de montagne, où Papa allait à la pêche tout en laissant la création de Dieu reposer son esprit et son corps fatigués et renouveler son âme.

Combien il devait avoir hâte de prendre ces deux semaines de repos sur les cinquante-deux de l'année ! Je suis sûr qu'il avait aussi hâte d'être en week-end, qu'il passait avec mon frère et moi, à camper, pêcher, faire de la randonnée et jouer au foot.

Nous avons tous besoin de vacances, mais si vous attendez cinquante semaines pour en prendre, il sera trop tard pour vous libérer du stress, de l'épuisement et de l'inefficacité. Même s'arrêter le week-end ne suffit pas. Vous avez besoin de prendre au moins quatre temps de vacances par jour. Nous parlons ici de vacances très courtes : une pause de quatre-vingt-dix secondes peut être incroyablement reposante.

N'attendez pas de vous sentir épuisé, frustré, au bout du rouleau. Vous devriez prendre des pauses avant même d'en ressentir le besoin. Rompez votre élan ainsi que l'accumulation du stress et de la fatigue par des pauses régulières ; c'est une question d'hygiène.

Il existe sept façons de prendre des mini-vacances sans sortir de chez soi, de l'école, du bureau, du taxi ou du camion, quel que soit l'endroit où vous vous trouvez.

Les sept pauses saines et saintes

1. Faites une pause : respirez !

Lorsque vous êtes pressés et sous pression, votre respiration devient superficielle. Vous risquez de souffrir d'une privation partielle d'oxygène. Le bâillement, que vous considérez comme un signe d'ennui, peut être en réalité un moyen pour votre corps d'emmagasiner plus d'air.

La pause pour respirer est le temps de vacances le moins cher et le plus facile à prendre. Détachez-vous mentalement de votre travail pendant deux minutes et contentez-vous de respirer. Faites entrer l'air profondément dans votre ventre. Vous n'avez pas besoin de prendre de leçons pour respirer, ni de chanter un mantra ou de compter vos respirations. Vous n'êtes même pas obligé de faire de bruit. Vous pouvez prendre une respiration discrète en plein milieu d'une réunion ou d'un cours.

Respirez, c'est tout.

2. Sortez de prison

Pensez à un endroit où vous vous sentez paisible et heureux. « La plupart des gens rêvent d'une autre île », chante Bloody Mary dans *South Pacific* [26], « une île où ils

26. Comédie musicale de Broadway (1949) (N.d.T.).

savent qu'ils aimeraient vivre. » À défaut d'un lieu réel, imaginez-en un. À quoi ressemble le paradis pour vous ? Représentez-le vous dans tous les détails.

Comme mon père, c'est au bord des lacs de montagne que je trouve la plus grande paix : le Clear Lake, sur la chaîne des Gallatine dans les Montagnes Rocheuses (État du Montana) ; le Cristal Lake, dans les montagnes San Gabriel au sud de la Californie ; le lac Colombine, près d'Estes Park, dans le Colorado. Pour moi, ce sont des lieux fétiches.

Allez vous reposer une ou deux minutes dans l'un de vos lieux fétiches. Faites abstraction de tout le reste. Si les circonstances le permettent, fermez les yeux. Recomposez la scène dans votre esprit. Voyez, entendez, percevez les odeurs, le toucher. Laissez la paix vous envahir et vous traverser.

Vous en reviendrez régénéré.

3. Exorcisez

Qu'est-ce qui vous tracasse ? Ou qui ?

Quelque chose rampe juste en dessous de votre seuil de conscience et vous rend distrait et irritable. Au lieu d'essayer de le réprimer et de l'ignorer, invitez-le à rejoindre vos pensées conscientes. Représentez-le-vous clairement. Si c'est une idée abstraite, du style « manque de temps », faites-en une image concrète, comme une pendule qui s'affole, dont les aiguilles tournent à toute vitesse et échappent à votre contrôle.

Vivez avec cette image pendant une minute ou deux, puis bannissez-la. Entourez-la d'une bulle et laissez-la s'envoler ; regardez-la, dans votre ciel mental, devenir de plus en plus petite alors qu'elle s'éloigne avant de disparaître.

Si cette méthode est trop douce, faites-la exploser en mille morceaux ! Il se peut même que vous y trouviez du plaisir. Dites-moi, n'est-ce pas cela, les vacances ?

4. Détendez vos muscles

Nous avons tendance à évacuer nos tensions en les accumulant en des points spécifiques de notre corps. À la fin d'une dure journée, nous avons des aigreurs dans le tube digestif, des contractures dans le dos, des spasmes dans les yeux, ou peut-être une forte douleur dans la mâchoire. En ce qui me concerne, j'ai tendance à malmener mes épaules. Sans même m'en rendre compte, je me tends pendant mon travail. Si je ne m'arrête pas à temps, j'attrape un torticolis et des épaules douloureuses, qui se prolongent en un mal de tête lancinant.

Alors, je romps avec cette tension, j'économise mes épaules, j'évite la migraine et je réduis mon stress en détendant mes épaules : je les relâche (et les sens qui retombent) et, lentement, doucement, je leur fais effectuer des mouvements circulaires pendant une ou deux minutes. C'est incroyablement reposant. Au cours d'une journée difficile, je peux éprouver le besoin de le refaire environ toutes les deux heures. Chaque fois, cela soulage la douleur et brise le cercle du stress.

Trouvez votre point douloureux et envoyez-lui un peu d'amour pendant quelques minutes. À la fin de la journée, vous remarquerez la différence.

5. Méditez ! Même en « raccourci »

Lisez ou remémorez-vous un verset de l'Écriture, un poème que vous aimez ou quelque chose que quelqu'un vous a dit et qui vous a frappé comme étant particulièrement sage et digne de réflexion. Répétez-le-vous et réfléchissez-y pendant une minute ou deux, tout en laissant votre esprit suivre son cours.

Pour ma part, je note ces petites phrases sur un carnet que je garde sur moi afin d'avoir toujours matière à méditer. Avoir une Bible à portée de main est bien sûr une bonne idée : c'est une source inépuisable de méditation.

6. Pensez à quelqu'un que vous aimez

Imaginez le visage d'une personne que vous aimez. Présentez cette personne à Dieu, en le remerciant de ce qu'elle est dans votre vie. Faites remonter de votre mémoire un de vos meilleurs souvenirs avec cette personne.

7. Des mini-vacances de pro !

Essayez d'associer l'exercice de respiration avec l'une ou l'autre de ces formes de vacances. Respirez lentement et profondément tout en voyageant mentalement dans l'un de vos lieux fétiches, par exemple.

Vingt et un jours de garantie

Au début, vous aurez probablement besoin de vous envoyer des rappels pour prendre ces « vacances ». À ce stade, des *post-it* ou des sonneries d'alarme programmées sur votre ordinateur peuvent être utiles. Vous pouvez vous sentir gêné ou même stupide de prendre ces « vacances ». N'abandonnez pas la partie après seulement un ou deux essais, ne laissez pas tomber votre projet si vous oubliez parfois de prendre vos pauses, et n'en faites pas une procédure compliquée et onéreuse, une chose de plus à faire sur la liste. Faites tout pour que cela reste simple et source de plaisir, et persévérez, que cela semble fonctionner ou non.

Souvenez-vous qu'il faut au moins trois semaines pour établir une nouvelle habitude. Essayez ce « plan vacances » pendant vingt et un jours avant de juger de ses effets. Si, au bout de vingt et un jours, vous considérez que cela ne vous fait pas de bien, vous aurez testé cette méthode honnêtement et pourrez essayer autre chose. Je parie cependant le contraire. À l'usage, je crois que vous aimerez beaucoup ces mini-vacances et en ferez une habitude positive, un excellent moment de chaque journée.

Au cas où ces « vacances » vous seraient imposées chaque jour par des personnes qui vous font attendre, nous allons à présent vous proposer quelques moyens de changer la frustration en repos et en satisfaction d'avoir accompli quelque chose de bon.

Faire de l'attente un temps de repos

À quand remonte la dernière fois où vous vous êtes ennuyé ? Je me souviens des interminables après-midi d'été lorsque j'étais enfant : j'en avais assez de lire ou de faire du vélo dans le voisinage. À la radio, il n'y avait rien d'autre que les feuilletons de Maman. Mon meilleur ami, Craig Marvel, avait dû emmener son petit frère Éric chez le coiffeur, et je n'avais personne avec qui jouer. C'est seulement dans plusieurs heures que papa rentrera du travail pour jouer au catch avec moi dans le jardin.

« Maman ! Je m'ennuie ! Je n'ai rien à faire ! »

Bien sûr, il y avait plein de choses à faire, y compris l'entretien de la maison et du jardin, mais je ne voulais rien de tout cela. J'avais probablement besoin d'une sieste, mais bien entendu, j'étais trop grand (et trop jeune) pour m'adonner à ce genre d'ineptie.

Je me souviens également de ma fébrilité dans les jours qui précédaient Noël. L'interminable après-midi précédant la veillée de Noël, cela ne vous rappelle rien ?

Nous les adultes, nous avons toujours quelque chose (ou trente-six choses) à faire, et pas assez de temps pour en venir à bout, sans compter tout ce que nous voudrions accomplir « si seulement nous avions du temps. » Nous n'avons pas le temps de nous ennuyer, et pourtant, nous sommes toujours agités, irritables, distraits et impatients, surtout lorsque quelqu'un ou quelque chose nous fait attendre.

L'attente est un élément inévitable de la vie moderne. Nous sommes tous pressés et nous devons tous nous rendre ailleurs. Invariablement, nous sommes sur le chemin les uns des autres. Quelle que soit votre file d'attente à la caisse du supermarché ou votre voie sur l'autoroute, c'est toujours celle qui semble avancer le plus lentement. Il semblerait que ce soit toujours vous qui vous trouvez derrière la personne qui, à la poste, veut envoyer un colis vers l'outre-mer en payant avec des pièces jaunes.

Vous pouvez essayer d'éviter de prendre des rendez-vous avec les personnes qui, dans votre vie, sont en retard de façon chronique. Vous pouvez planifier vos courses afin d'éviter les heures de pointe. Mieux encore, vous pouvez établir une liste de choses à faire réaliste, prenant en compte les attentes, afin que celles-ci ne mettent pas à mal un emploi du temps soigneusement élaboré.

Mais quelle que soit l'attention avec laquelle vous élaborez vos projets, d'autres vous feront attendre, de même que vous les ferez attendre. Acceptez le caractère inévitable de l'attente, et apprenez à le transformer en temps positif et productif.

Donner un autre nom à l'attente

Et si vous appeliez cela une pause plutôt qu'une attente ?

Le conducteur devant vous ralentit alors que le feu est encore vert, passe le carrefour à l'orange, et s'éloigne lentement, vous laissant pester et fulminer derrière le feu rouge.

Vous pouvez toujours le traiter de crétin (ou pire) en tapant sur votre volant. Cela ne fera pas passer le feu plus rapidement au vert, et vous risquez de faire monter en flèche votre tension artérielle. De plus, cela ne servira certainement pas de leçon à cet autre conducteur, même si vous êtes si sûr qu'il le mérite grandement. Cependant, si c'est là votre choix, vous pouvez réagir ainsi.

Vous pouvez également remercier ce conducteur pour l'occasion qu'il vous offre de prendre de mini-vacances. Vous n'en êtes pas moins obligé d'attendre, mais en transformant cette attente en repos, vous pouvez en faire une expérience positive. À vous de choisir.

Il vous est aussi possible de transformer des attentes plus longues en temps productifs. Si la réunion ne commence jamais à l'heure, apportez votre courrier et parcourez-le en attendant. Sortez votre téléphone ou votre ordinateur portable et lancez-vous dans un brainstorming. Faites vos menus pour la semaine. Écrivez un poème chinois. Menez un dialogue mental avec une personne avec qui vous avez toujours voulu parler. Priez. Méditez sur l'Écriture. Si vous êtes dans la salle d'attente du médecin et avez oublié d'apporter votre livre ou vos mots croisés, lisez un de ces magazines populaires posés devant vous. Essayez quelque chose que vous ne liriez jamais en temps ordinaire, un magazine de loisirs ou pour enfants, et découvrez une autre perspective sur la vie.

Vous en sortirez moins stressé et plus instruit. Vous retournerez au front avec plus d'efficacité dans votre travail et vos résultats. De plus, il se peut que, dans l'intervalle, vous ayez écrit un magnifique poème chinois ou résolu un problème qui vous tracassait depuis des semaines. Vous pouvez aussi faire quelque chose que vous voulez ou vous avez besoin de faire. De toute façon, vous attendrez tout aussi longtemps, mais vécu ainsi, cela vous semblera beaucoup plus court.

J'espère que vous pourrez à présent vous épargner certaines attentes et faire bon usage du repos. Au chapitre suivant, nous verrons comment éviter de faire perdre du temps aux autres.

Exercice

Je suis un ardent défenseur des quatre temps de vacances par jour de travail. Bien sûr, ces « vacances » ne durent que deux ou trois minutes chacune ; le terme exact pour les désigner serait plutôt « mini-pauses », mais il est moins enthousiasmant.

J'appelle l'une de ces mini-vacances « sortir de prison ». Il s'agit de s'échapper des quatre murs de notre maison, de notre bureau, de notre box ou de notre camion, pour voyager en esprit vers un lieu de sérénité et de paix. Rappelez-vous un lieu où vous avez ressenti une vraie joie. Ce peut être le bord d'une rivière, une pièce que vous aimez particulièrement dans votre maison, le toit d'un immeuble, n'importe où. Prenez quelques minutes et faites la liste de vos endroits favoris. Nous l'appellerons :

La liste de mes lieux favoris de vacances mentales

....

....

....

....

....

....

....

....

....

Prenez encore quelques minutes pour décrire et élaborer un lieu de paix idéal pour vous.

Mon petit coin de paradis

(Décrivez-le…)

....

....

....

....

....

....

....

....

....

(Dessinez-le)

J'espère que rien que de penser à ces lieux, vous vous sentez au moins un petit peu plus détendu.

Quoi d'autre que ces deux minutes au milieu d'une lourde journée de travail pour vous rafraîchir l'esprit et pouvoir vous concentrer à nouveau, vous décrisper et avoir le cœur en paix ? Énumérez au moins cinq possibilités de pause dans une liste intitulée :

Mes vacances de deux minutes

Aménagez quatre courtes pauses dans votre journée de travail au cours des trois semaines qui viennent. Prêtez attention aux changements, voyez comment vous vous sentez quand vous travaillez et quand vous avez fini. Ces pauses ont-elles un effet sur votre efficacité et votre productivité ?

Journal de mes vacances

Si, au bout de trois semaines, ces changements vous conviennent, prenez l'habitude de reproduire ces pauses quatre fois par jour.

De l'attente, faire un temps de repos

Peut-être devrait-on remettre au goût du jour cette vieille citation de Benjamin Franklin : « Il n'y a rien de certain dans la vie, sinon la mort, les impôts et de devoir attendre. »

Faites une liste des occasions que vous avez d'attendre, comme :

- ✓ Être pris dans les embouteillages ;
- ✓ Vous retrouver piégé dans une réunion qui ne démarre pas à l'heure ou semble ne jamais finir ;
- ✓ Vous impatienter dans un restaurant parce que vous n'arrivez pas à croiser le regard du serveur ;
- ✓ Cultiver vos microbes avec ceux des autres malades dans la salle d'attente du médecin ;
- ✓ Attendre que votre ordinateur redémarre ou que cet auteur arrive à finir sa phrase.

Deux méthodes sont possibles : soit vous élaborez une liste d'après les souvenirs que vous avez de la semaine écoulée, soit vous prenez un carnet sur vous pendant une semaine et notez les attentes au fur et à mesure qu'elles se produisent (cela vous donnera quelque chose à faire pendant que vous rongez votre frein). En face de chaque élément de la liste, notez ou estimez le nombre de minutes que vous avez passées à attendre. Vous l'appellerez : « Bilan d'une semaine d'attente et du temps perdu à cela. »

Vous pouvez à présent rédiger.

Moments d'attente	*Temps*
....	....
....	....
....	....
....	....
....	....

Laisser reposer cette liste un jour ou deux, puis revenez-y et additionnez le temps que vous avez « perdu » à attendre pendant cette semaine. À présent, faites le serment de ne plus jamais perdre de temps à attendre, autant que possible.

L'une ou l'autre de ces attentes aurait-elle pu être évitée ? Si vous vous étiez organisé et aviez agi différemment, auriez-vous pu éviter certains de ces chronophages ?

Chaque jour pour aller travailler, mon père se levait à 6h15 du matin afin de pouvoir emprunter l'Arroyo Seco Parkway (qui prendra plus tard le nom de l'autoroute de Passadena) pour rejoindre à 7h30 le centre-ville de Los Angeles. Même à cette heure matinale, le trafic était très dense, mais au moins on roulait. L'expérience lui a enseigné que s'il entrait sur l'autoroute ne serait-ce que dix minutes plus tard, il avancerait au touche-touche, ce qui lui coûterait quarante-cinq minutes de plus pour aller au travail. En planifiant à l'avance, c'est plus que du temps qu'il a gagné : il s'est évité beaucoup de stress quotidien inutile.

Si des moyens de réduire l'attente vous viennent à l'esprit, listez-les à présent.

....

....

....

....

....

....

....

....

....

....

....

....

....

....

L'astuce maintenant, bien sûr, consistera à mettre en pratique autant de ces stratégies que possible. Néanmoins, même en étant très intelligent pour élaborer et suivre votre « régime », votre vie comportera encore beaucoup de temps d'attente. Il est inévitable que nous nous fassions attendre les uns les autres.

Comment faire d'une attente frustrante un temps ressourçant et productif ? Apprendre à respirer profondément et à vous détendre, voire à méditer, coincé dans un embouteillage ? Prendre l'habitude de vous rendre chez le médecin avec un bon livre, au cas où ? Et pourquoi ne pas diviser en plusieurs activités vos temps d'attente ?

Pour chacune des occasions d'attendre qui restent dans votre liste, notez au moins un moyen – si possible plus – de faire de l'expérience négative de votre attente une expérience positive.

Écrivez à présent votre plan d'action
pendant les temps d'attente :

....

....

....

....

....

....

....

....

....

....

....

....

....

....

En mettant ces idées en pratique, vous attendrez toujours, bien sûr, mais cela ne vous pèsera plus et vous y gagnerez beaucoup.

Chapitre 12

Respecter le temps des autres

La prière que Jésus nous a enseignée nous enjoint de demander au Père de nous pardonner nos offenses comme nous pardonnons aussi à ceux qui nous ont offensés. Nous serons jugés, nous dit Jésus, du jugement dont nous jugeons, et on mesurera pour nous à la mesure dont nous mesurons (cf. Mt 7, 2).

Souvenez-vous également de ce sage rabbin qui résumait toute la loi et les prophètes en ce que nous appelons la règle d'or : « *Tout ce que vous voulez que les hommes fassent pour vous, faites-le vous-mêmes pour eux.* » (Mt 7, 12)

De la même façon que nous ne voulons pas que les autres nous fassent perdre notre temps – en nous faisant attendre, en ajoutant des choses inutiles à notre programme quotidien, en nous importunant – nous devons veiller à ne pas non plus perdre le temps des autres.

Nous n'aimons pas qu'on nous pose des questions du style « Tu as une minute ? » Si quelqu'un demande quelques instants de notre précieux temps, nous voudrions savoir exactement ce qu'il entend par « quelques instants » et à quoi il souhaite les employer. De la même manière, nous devrions donner aux autres les informations dont ils ont besoin afin de pouvoir répondre en connaissance de cause à nos demandes.

Non pas : « Tu es occupé ? »

Mais plutôt : « Y a-t-il une heure aujourd'hui où tu serais disponible pendant dix minutes afin que nous revoyions notre stratégie pour la réunion de demain ? »

Voici sept autres façons de faire aux autres ce que vous aimeriez que l'on fasse pour vous :

1. Ne leur faites jamais perdre de temps

C'est bien sûr la directive de base ; toutes les autres en découlent. Si vous vous sentez menacé par le fait de voir l'un de vos employés debout sans rien faire, résistez à la tentation de lui donner du travail. L'employé comprendra ce que vous entendez par ce nouveau « travail », et son respect et sa confiance envers vous diminueront.

De la même manière, si vos enfants ont l'air d'être assis là sans rien faire, ce n'est pas à vous de les distraire ou de les occuper. De l'ennui peut naître la créativité ! Donnez-leur une occasion d'inventer leurs propres activités.

Ne remplissez pas le temps des autres à leur place. Montrez-leur ce qui a besoin d'être fait, et, si nécessaire, comment le faire. Puis, partez.

2. Assurez-vous qu'ils ont tous les outils nécessaires à l'accomplissement de leur tâche

Assurez-vous également que ces outils sont en bon état de marche. Souvent, en tant que patron, votre travail consiste à servir et à faciliter le travail. Assurez-vous, en outre, qu'ils n'ont pas plus d'outils que ce dont ils ont besoin. Comme nous l'avons vu, la technologie peut être un serviteur extraordinaire mais un maître épouvantable – aussi bien pour ceux qui travaillent avec vous que pour vous-même. Est-il vraiment nécessaire qu'ils apprennent à se servir d'un nouveau système ?

Dans le même ordre d'idées, est-ce qu'une nouvelle organisation du bureau et des façons de faire facilitera leur travail ou au contraire le rendra plus compliqué ? Que penser de ce pavé expliquant « Comment écrire un ordre de mission ? » Ou bien de ces notes de service en pièces jointes des mails ?

Offrez ce genre de « cadeau » avec parcimonie et à bon escient, avec bon sens. Vos employés apprécieront d'autant mieux ce qu'ils recevront, et, par conséquent, vous seront reconnaissants de ne pas leur faire perdre de temps.

3. Séparez – pour les autres – l'important du seulement urgent

La messagerie que j'utilise au travail permet à l'expéditeur de marquer les mails d'un « ! » pour indiquer qu'il s'agit d'une « priorité absolue ». L'un de mes collègues a tendance à en marquer tous ses messages, y compris le rappel de la pause-café dans la salle 726 demain à 10h00, à laquelle tout le monde est invité ! Inutile de dire que je ne réagis plus quand je vois un de ses « ! ».

Avant de vous précipiter sur le téléphone ou d'écrire un mémo demandant une réponse ou une attention immédiate, demandez-vous si c'est vraiment nécessaire. Si oui, doit-il vraiment y avoir une réponse tout de suite ? Soulagez la pression et permettez à vos collègues de s'occuper des priorités absolues de leur propre liste de choses à faire.

Si vous n'agissez pas ainsi, la prochaine fois que vous crierez « urgent ! », personne ne vous croira.

4. Donnez-leur suffisamment de temps pour accomplir la tâche

De même qu'il vous faut être réaliste lorsque vous organisez votre journée, faites aux autres des demandes raisonnables. Si vous ne leur laissez pas la possibilité d'accomplir un bon travail ou même de terminer le travail dans le temps que vous leur avez imparti, vous encouragez le travail bâclé et donnerez aux gens l'habitude de mal faire. Vous vous verrez également passer beaucoup de temps à faire la police, à bousculer les autres et à être sur leur dos, au lieu de vous vous occuper de votre travail personnel. Tout le monde y perdra.

5. Expliquez-leur pourquoi

Mon père racontait l'histoire de deux hommes qui avaient creusé un fossé côte à côte sur un chantier.

Un passant curieux demanda au premier : « Que fais-tu ? »

L'ouvrier en sueur regarda vers lui, en colère, et aboya : « Je creuse un fossé ! Ça se voit, non ? »

Sans se décourager, le passant posa la même question au deuxième ouvrier.

Tout aussi en sueur, il le regarda en souriant et répondit : « Je participe à la construction d'une cathédrale. »

Même travail, attitude très différente : le deuxième ouvrier connaît l'objectif et donc l'importance de l'humble travail qu'il accomplit.

Les gens travaillent en général beaucoup mieux lorsqu'ils comprennent le pourquoi de leur tâche. Lorsque vous demandez à quelqu'un de faire quelque chose, donnez-lui en même temps une bonne raison de le faire : vous en ferez un collaborateur beaucoup plus motivé et efficace. Si vous ne pouvez pas fournir de bonnes raisons, peut-être ne devriez-vous pas demander du tout.

Si vous prenez la question : « Pourquoi devrais-je le faire ? » comme une atteinte à votre autorité qui vous met sur la défensive, c'est que votre attitude a besoin d'être ajustée. Les gens arrêteront peut-être de demander mais ils continueront à se poser la question.

6. Encouragez le travail « monotâche »

Nos enfants ont beaucoup à nous apprendre en matière de concentration. Le même enfant qui, en lisant un livre scolaire, semble avoir une capacité de concentration égale à celle d'une puce hyperactive, peut se perdre dans *Harry Potter* ou *Le monde de Narnia* pendant des heures sans en sortir. S'entraîner à calculer les unités de mesure ? Quel pensum. S'entraîner aux jeux vidéos ? Tout de suite ! Il s'y adonnera avec une complète application, en écartant toute distraction extérieure (comme par exemple, votre demande d'aller se laver les mains avant d'aller dîner).

Encouragez-vous et récompensez-vous en vue d'atteindre la même concentration qui vient si naturellement aux enfants lorsqu'ils font quelque chose qu'ils aiment. Ne demandez pas à un collègue ou à un enfant de travailler en multitâche, pas plus que vous ne vous le demandez à vous-même.

Cela s'applique aussi à l'efficacité de la pause déjeuner. Même si vous ne pouvez donner à vos employés qu'une courte pause pour le déjeuner, permettez-leur d'avoir une réelle coupure par rapport au travail.

7. Limitez les réunions

Demandez à votre personnel de faire la liste des tâches urgentes mais non importantes de leur emploi du temps quotidien : il y a de grandes chances que les réunions caracolent en tête chez presque tout le monde. Il se peut qu'il en soit également ainsi des réunions au sein de la famille : pour beaucoup de gens que je connais, entendre une épouse dire : « Chéri, il faut qu'on parle » suffit à les refroidir.

Ne convoquez pas une réunion à moins d'avoir une bonne raison. Si une réunion approche à grands pas et que vous avez des difficultés à trouver un ordre du jour, annulez-la. Avez-vous jamais entendu quelqu'un se plaindre qu'une réunion soit annulée ?

Ceci dit, rien ne remplace efficacement le fait d'être en présence les uns des autres. Lorsque tout le monde est dans la même pièce (ou, au moins, participe à la même téléconférence), tout le monde entend la même chose en même temps, ce qui permet de prévenir de nombreux problèmes de communication – pas tous, malheureusement. Si certains ne comprennent pas quelque chose, ils peuvent le dire, et continuer à en parler jusqu'à ce qu'ils comprennent. Mieux que cela, en parlant les uns avec les autres, les gens génèrent des idées qu'ils n'auraient jamais eu chacun de son côté. Le résultat donné par l'ensemble est souvent meilleur que l'addition des résultats de chacun.

Préparez soigneusement votre réunion ; ayez à portée de main, avant de commencer, tous les éléments dont vous avez besoin, et maintenez alerte le rythme du déroulement de la rencontre. Bien sûr, les gens continueront à se plaindre des réunions ; cela fait partie de notre culture, et je crois que c'est une attitude convenue. Cependant, ils ne vont pas vraiment les détester – il se peut même qu'ils les apprécient.

Exercice

Si vous vous arrêtez pour recenser les personnes qui, dans votre vie, ont le droit que vous leur accordiez du temps, vous obtiendrez probablement une liste substantielle. Pour beaucoup d'entre nous, la famille vient en première place. Bien sûr, un époux et des enfants ont besoin de votre temps et de votre attention, et ils les méritent. Je pourrais également ajouter à cette liste les animaux domestiques (peut-être votre poisson rouge est-il particulièrement exigeant). Les amis, les paroissiens, les supérieurs hiérarchiques et les collègues reçoivent tous une part du temps que vous consacrez aux autres. Dans un monde idéal, vous accordez ces minutes avec joie et sans aucune amertume.

Ceci, cependant, n'est peut-être pas vrai de tous ceux qui sont sur votre liste. Il est facile d'en vouloir à votre patron, dites-vous ? Peut-être certaines personnes vous pèsent-elles aussi bien par leur façon de vous demander du temps que par le simple fait que vous deviez leur en accorder.

Dressez la liste de toutes les personnes qui ont des droits sur votre temps :

Liste des VIP dans ma vie

....

....

....

....

....

....

....

Maintenant, considérons la question du point de vue opposé. Dressez une liste de toutes les personnes dont vous attendez qu'elles vous accordent du temps. Elles aussi sont importantes dans votre vie, même si vous ne les avez jamais considérées sous cet angle.

Certains des noms que vous recenserez figureront sur les deux listes : votre conjoint, vos enfants, vos collègues, ou vos amis. Mais qu'en est-il des personnes qui sont à votre service, qui s'occupent de vous chaque jour et vous facilitent l'existence ?

Établissez-en une liste spécifique, si possible en les nommant. S'il y a un nom que vous ne connaissez pas (est-ce possible ?) mettez à la place la fonction que cette personne occupe à votre service. Appelons cette liste : « Mes hôtes et hôtesses ».

Mes hôtes et hôtesses

....

....

....

....

....

....

....

....

....

....

....

Laissez cette liste de côté pendant un jour ou deux, en y ajoutant les noms qui vous viennent à l'esprit. Ce délai écoulé, relisez la liste lentement en vous posant la question suivante : est-ce que je lui fais perdre du temps ? Passez en revue toutes les demandes que vous faites à chacun. L'une ou l'autre de ces demandes est-elle excessive, voire inutile ?

Si la réponse à l'une ou l'autre de ces questions est « oui », c'est qu'il est temps de procéder à quelques ajustements, non seulement dans la façon dont vous gérez votre temps mais aussi leur temps à eux.

Maintenant que nous nous sommes arrêtés pour nous assurer que vous ne faites pas perdre de temps aux autres, revenons à votre temps à vous en essayant de faire des coupes franches dans le désordre qui risque de ralentir la progression de vos travaux.

Chapitre 13

Endiguer le désordre

Combien de temps perdez-vous à chercher quelque chose ?

Ah, mais vous savez exactement où se trouve chaque chose, n'est-ce pas ? C'est également ce que je répondais aux gens lorsque, en entrant dans mon bureau, ils mettaient leur main à la bouche et reculaient d'un bond dans le couloir en murmurant « Oh pardon ! » ou bien « Excusez-moi, j'ai dû me tromper de bureau. Ici, c'est le débarras. »

L'ordinateur, qui devait nous précipiter dans l'ère du loisir, nous garantissait en outre un bureau sans papier, et ce depuis longtemps. Cependant, s'il a généré quelque chose, c'est bien du papier, et qui dit « papier », dit « temps passé à le traiter ». Par « traiter », j'entends également « transférer de la bannette de courrier jusqu'à la corbeille à papier », ce qui prend aussi du temps.

Dans le domaine « désordre », je reste un champion toutes catégories. Pour moi, toute surface horizontale, y compris le sol, est un classeur potentiel. Cependant, je fais des efforts, et j'arrive mieux à endiguer mon flot de papier. Voici quelques conseils qui m'ont aidé.

Dix moyens de maîtriser un désordre catastrophique

1. Adoptez un compagnon de chaque instant

Gardez constamment un carnet sur vous. Lorsqu'une inspiration soudaine vous saisit ou si vous voyez quelque chose dans le journal dont vous voulez vous souvenir, utilisez votre carnet au lieu de griffonner sur un morceau de papier, d'arracher la coupure du journal, ou, pire encore, de garder toute la feuille.

Si vous recevez une convocation à une réunion ou si on annonce un événement auquel vous souhaitez participer, notez-le tout de suite sur votre agenda, avec les informations de contact pertinentes. Si vous êtes obligé de conserver la convocation, faites-le, bien sûr, mais si vous pouvez vous en débarrasser, c'est aussi bien.

2. Une pile pour chaque chose, et chaque chose dans sa pile

Je n'aurai jamais ce qu'on pourrait appeler un bureau « nickel », que ce soit celui de mon écran d'ordinateur ou ma table. Cependant j'apprends à utiliser des dossiers, réels ou virtuels, étiquetés de façon simple et claire. Cela m'aide beaucoup, tant que je n'accumule pas un trop grand nombre de dossiers ou que la pile n'est pas trop haute.

3. Appliquez une technique de tri efficace

J'ai essayé de mettre en pratique cette consigne populaire présente dans tous les livres de méthode de gestion du temps : « Ne touchez un papier qu'une seule fois ». Je n'y suis pas arrivé. Si vous y réussissez, c'est que vous êtes plus fort que moi. De mon côté, j'essaye de prendre une décision concernant un morceau de papier ou un contenu Web dès la première fois que je tombe dessus. Le jeter ? (Notez qu'on peut toujours jeter une enveloppe immédiatement, même si on a besoin d'en garder le contenu.) Le lire et le traiter tout de suite ? L'étiqueter et le classer ? Le transférer à quelqu'un d'autre (il appartient à la personne qui l'a touché en dernier, n'est-ce pas ?) Le ranger dans le dossier « à lire » préparé pour le prochain temps d'attente ?

Prenez votre décision et passez à la suite.

4. Ouvrez, agrafez, jetez

Découpez la partie de la publication dont vous avez besoin et jetez immédiatement le reste. Jetez également tous les périodiques et des mémos que vous n'avez pas regardés depuis un an (à moins qu'il y ait des raisons légales de les garder plus longtemps, comme les déclarations d'impôts).

5. Reconsidérez vos besoins

La prochaine fois que vous recevrez un courrier vous invitant à renouveler votre abonnement à un périodique, demandez-vous si vous continuerez à le lire, et si vous voulez ou avez besoin de cette publication. Éliminez les favoris d'internet que vous n'utilisez plus. Désabonnez-vous aux newsletters que vous n'arrivez jamais à lire.

Avant de classer ce papier que vous avez en main, demandez-vous si vous en aurez à nouveau besoin ou si vous allez le relire.

6. Quand vous lisez, passez à la vitesse supérieure

Beaucoup d'entre nous lisons tout, sans distinction, à la même vitesse (lente). De *France Dimanche* au rapport annuel, nous avançons mot à mot, que nous ayons besoin de retenir uniquement l'idée principale, ou bien les faits, ou au contraire chaque détail. Vous pouvez entraîner votre cerveau à ne lire que les grandes lignes, ou bien en diagonale, ou bien à parcourir rapidement, en fonction de vos besoins.

Ceci n'exclut pas bien sûr que vous ayez besoin de lire quelque chose avec attention, ou même à haute voix, pour savourer le rythme et les sons. Cependant, soyons francs : combien de rapports annuels ont un rythme intéressant dans l'énonciation ?

7. Expurgez

Malgré tous vos efforts pour mettre en pratique les six points précédents, vous pouvez vous retrouver encore avec une tonne de papiers dont vous ne savez que faire. Si tel est le cas, consacrez un laps de temps à la fin de chaque journée de travail, de chaque semaine ou de chaque mois (vous définirez la fréquence en fonction de la vitesse d'accumulation de vos papiers), au cours duquel vous passerez en revue la pile, à jeter, classer et rediriger les papiers. En prime, vous trouverez des choses auxquelles il vous faut répondre mais que vous auriez oubliées si vous n'aviez pas fait ce travail.

Essayez tous ces conseils dans la mesure où ils vous semblent utiles. Redressez la barre lorsque vous retombez dans vos anciennes habitudes laxistes. Si vous vous y tenez, avec le temps, vous finirez par prendre d'utiles habitudes.

Exercice

Si vous trouvez vraiment tout ce dont vous avez besoin au moment où vous en avez besoin, passez au chapitre suivant. Mais s'il vous arrive de perdre du temps à chercher quelque chose, vous devriez envisager de vous exercer un peu à maîtriser le désordre.

Je ne parle pas ici de tenir impeccablement son espace. Croyez-moi, je ne parlerai jamais de tenue impeccable ! Le seul but que je me fixe est d'être fonctionnel. J'ai tendance à mettre de côté chaque morceau de papier avec lequel j'entre en contact, et j'entre en contact avec beaucoup de papier. Cette tendance s'ajoute à la peur profonde que, si je ne laisse pas ce papier à portée de main et de vue, je risque de l'oublier et ainsi ne pas faire ce que je suis censé faire.

Être parfaitement en ordre me semble un exploit quasi impossible à réaliser. Alors je me contente de purges occasionnelles qui me permettront de garder la tête hors de l'eau.

Mettons en place une de ces purges immédiatement.

Faites un inventaire rapide des endroits où vous vous trouvez souvent – la cuisine, le dressing, le garage, le plan de travail, votre bureau, les dossiers… et identifiez les zones à problèmes. Dressez à présent votre plan d'élimination des déchets toxiques.

Zone	*Jour et heure de l'expurgation*
....	....
....	....
....	....
....	....
....	....
....	....
....	....
....	....

Il ne fait aucun doute que vous savez où sont localisés vos problèmes. Assignez à présent des temps spécifiques au premier nettoyage de chaque zone cible. Si le besoin le plus pressant se trouve dans le bureau de votre maison, peut-être le jour J serait-il samedi prochain au matin (c'est mon créneau de ménage préféré à cause des excellentes émissions qui passent à ce moment-là sur la radio locale. Elles m'aident vraiment à travailler plus vite).

Votre plan est prêt : vous venez d'achever l'étape la plus facile de la tâche. Le travail commence vraiment au moment où vous vous attaquez à la première zone.

Récemment, lorsque ma belle-sœur Barbara a déménagé de la baie de San Francisco vers Portland dans l'Oregon, elle a donné une définition magnifique des deux philosophies opposées du tri : pour son mari Bob, disait-elle, la philosophie est la suivante : si vous ne détestez pas cet objet, gardez-le. Son point de vue à elle est celui-ci : si vous n'êtes pas amoureux de cet objet, débarrassez-vous en.

Et vous, quelle est votre philosophie ? Si le désordre est un problème chez vous, vous êtes probablement adepte du « Je peux en avoir besoin un jour, donc je ferais mieux de le garder. » Si c'est le cas, il est temps pour vous de commencer à appliquer le principe de réalité. En avez-vous vraiment besoin ? Depuis combien de temps cet objet est-il là, à prendre la poussière ? Si vous avez besoin de le garder, faut-il absolument qu'il soit sur le bureau, à vous encombrer, ou bien pourrait-il être remisé à la cave ? Attaquez, décidez, triez, classez, jetez. Vous trouverez bientôt votre propre rythme. Une fois que vous aurez commencé, cela peut même devenir un petit peu amusant.

Il est des tâches qui n'ont jamais de fin. Les ouvriers qui repeignent le Golden Gate Bridge doivent recommencer dès qu'ils ont terminé : parce que cela prend du temps de repeindre, et parce que l'eau salée est très caustique. Afin d'éviter de tomber dans le même problème – devoir recommencer à nettoyer la première zone dès que vous avez terminé la dernière – élaborez un planning de maintenance pour toutes les zones.

L'ordre que vous venez de remettre quelque part doit être entretenu en permanence. Vous pourriez par exemple décider de terminer chaque section de rangement par un petit nettoyage éclair. Cette méthode pourrait vous convenir à vous ; elle n'a jamais bien fonctionné pour moi. Peut-être pourriez-vous planifier quinze à vingt minutes à la fin de votre journée pour l'entretien de routine ; à moins qu'un ménage hebdomadaire ne suffise.

Quels que soient vos besoins en ce domaine, si vous entretenez l'ordre que vous avez mis, vous n'aurez jamais à prévoir un nouveau programme de grand nettoyage.

Le mieux reste bien sûr de pratiquer ce que nous appellerons le ménage à la source, c'est-à-dire celui qui va prévenir l'installation de tout désordre. Par exemple, au retour de vos courses, au lieu d'avoir à jeter ou à ranger tous les sacs en plastique ou en papier, vous pouvez utiliser des sacs en tissu.

En dépit de mes vœux pieux aussi rares que fervents, je n'ai pas beaucoup réussi à empêcher le désordre de s'accumuler. Cependant, j'arrive mieux à en contrôler le volume, aussi ne me fait-il plus perdre de temps. À vous de trouver le système qui vous convient le mieux. Qui sait, vous découvrirez peut-être que vous êtes beaucoup plus ordonné que vous ne le pensiez !

Chapitre 14

Honore ton corps et ses rythmes

Tous les enfants de Dieu ont du rythme.

Même si vous ne savez pas danser, votre Créateur vous a fait le don d'un rythme corporel, appelé le rythme circadien, qui régule vos temps de haute énergie. Chacun d'entre nous, au cours de vingt-quatre heures, faisons l'expérience de deux « sommets » de haute énergie contrebalancés par deux « creux » de dépression. Mes pointes de haute énergie ne sont pas forcément les mêmes que les vôtres, ce qui explique que certains d'entre nous sont « du matin » tandis que d'autres sont « du soir ». Il est important que vous compreniez votre propre rythme circadien afin, dans la mesure du possible, d'organiser votre journée en en tenant compte.

Cinq moyens d'honorer votre rythme corporel

1. Établissez une régularité

Beaucoup d'entre nous vivent selon deux rythmes différents, celui de la semaine et celui du week-end. Peut-être vous récompensez-vous de votre dure semaine en sortant tard le vendredi soir, et en vous levant beaucoup plus tard le samedi matin que du lundi au vendredi. Vos habitudes alimentaires peuvent également se modifier considérablement, surtout si vous avez tendance à grignoter lorsque vous êtes chez vous et à proximité du réfrigérateur. Si l'écart est trop grand, il se peut que vos rythmes naturels soient perturbés. S'il vous est particulièrement difficile de vous lever le lundi matin à la sonnerie du réveil, c'est peut-être que le week-end vous a complètement déphasé.

Pour vivre en harmonie avec votre corps, l'idéal serait de vous lever et d'aller vous coucher à la même heure chaque jour. Les noctambules devraient se coucher tard tandis que les matinaux devraient se lever avant le soleil, si c'est cela qui leur vient naturellement. Cependant, la plupart d'entre nous devons nous conformer aux horaires du travail et de l'école ainsi qu'aux exigences familiales. Mon intention n'est pas de vous priver du plaisir exquis d'une grasse matinée de samedi, mais si vous avez un problème à vous remettre en route chaque lundi, je vous suggère de coordonner vos horaires de week-end et de semaine.

2. Mangez quand vous avez faim, pas quand « c'est l'heure »

Nous mangeons souvent à l'heure fixée, selon ce que nous dicte notre montre, et du même coup nous étouffons tout sens naturel de faim et de satiété. De par les habitudes culturelles et les exigences des emplois du temps, beaucoup d'entre nous mangent peu ou rien au petit-déjeuner (voire le compensent par un casse-croûte en milieu de matinée), déjeunent sur le pouce à midi, peut-être même en travaillant, le « gros » repas étant le soir. Le dîner n'est peut-être pas un moment reposant, mais c'est là, plus lors d'un éventuel grignotage avant de se coucher, que nous absorbons un gros pourcentage de nos calories quotidiennes.

Cependant, ce n'est probablement pas de cette façon que notre corps voudrait ou aurait besoin d'être alimenté. Les nutritionnistes nous enseignent que le corps fonctionne au mieux lorsque nous rompons le jeûne de la nuit par un petit-déjeuner consistant (les fruits et les fibres semblent être les choix les plus appropriés) et que notre repas le plus léger soit le dîner. C'est tôt dans la journée que nous avons besoin d'énergie, et c'est à ce moment-là que le corps la métabolise efficacement. Cela n'a aucun sens, biologiquement, de beaucoup manger alors que nous allons bientôt demander à nos corps de se mettre en repos pour la nuit.

3. Prenez vos aliments en plus petites quantités

Les personnes de ma génération ont été élevées avec l'injonction de manger trois gros repas par jour, une habitude qui nous accompagne toute notre vie. Avec l'âge et le ralentissement de notre métabolisme, nous constatons que grignoter nous fait prendre du poids, alors nous essayons de nous discipliner et d'arrêter de manger entre les repas. Grignoter, boulotter – quel que soit le terme que nous employons pour désigner cette pratique, nous nous sentons coupables quand nous nous y livrons.

L'abolir complètement est peut-être également une erreur. Des recherches récentes indiquent que manger en plusieurs petites pauses est plus sain que répartir toute notre nourriture quotidienne en seulement un, deux ou trois repas par jour. Les diabétiques apprennent à manger plusieurs petits repas chaque jour ; nous devrions nous aussi essayer.

4. Faites la sieste

Je ne dors que peu d'heures d'affilée. La plupart des nuits, je n'ai que six à six heures et demie de sommeil, un petit peu plus les week-ends. Est-ce suffisant ? Probablement pas. La science ne peut pas vraiment répondre à cette question, étant donné qu'on n'a jamais trouvé pourquoi nous avons besoin de dormir, et donc encore moins de quelle quantité de sommeil nous avons besoin. Je me suis toujours levé tôt, même après m'être couché tard la veille (ce qui ne se produit plus très souvent).

C'est certainement l'une des raisons pour lesquelles je suis un si ardent défenseur de la sieste. La sieste, c'est merveilleux. C'est bon pour vous. La sieste n'est pas réservée aux très jeunes ni aux très vieux. Elle n'est pas un signe de faiblesse (de fatigue, oui, mais pas de faiblesse). La sieste est l'occasion que vous avez de dormir quand vous en avez le plus besoin, et au moment où cela vous fera le plus de bien. Il m'arrive de m'allonger et de prendre un repos de vingt minutes au milieu d'une grande phase d'écriture, ou juste avant de quitter mon travail pour rentrer chez moi à vélo. C'est remarquablement reposant.

5. Suivez vos rythmes

« Honore tes sommets et tes vallées. »

Essayez de planifier les activités qui vous demandent le plus d'acuité mentale au moment de vos sommets quotidiens, alors que l'énergie et l'optimisme sont au plus haut. Une vallée, en revanche, est le moment idéal pour l'une de ces siestes dont je viens de parler, ou au moins pour ces tâches que vous pouvez accomplir correctement sur pilotage automatique.

Nous devons bien sûr nous conformer à la montre, puisque la plupart d'entre nous vivons dans un monde minuté. Il nous faut passer par-dessus les désirs naturels de nos corps ; mais tôt ou tard, nous en payons le prix. Que nous soyons noctambules ou matinaux, nous avons tous intérêt à connaître nos rythmes biologiques pour y adapter le plus possible nos emplois du temps. Lorsque vous ne pouvez pas décider de votre emploi du temps – la grosse réunion a lieu juste à l'heure où votre énergie tombe en flèche – compensez-le à l'avance par de mini-vacances plus longues, peut-être un petit tour dehors. Ayez également conscience de la cause de vos réactions. Votre patron n'est peut-être pas, en ce moment, complètement déraisonnable, c'est simplement vous qui êtes fatigué et grincheux.

Discerner puis respecter vos rythmes biologiques peut vous aider à vivre une vie plus heureuse, plus saine et plus productive.

Exercice

Chez la plupart d'entre nous, l'énergie et l'acuité mentale augmentent et diminuent selon des rythmes relativement réguliers. En général, vous faites probablement l'expérience de deux sommets et de deux vallées au cours de votre cycle de vingt-quatre heures. Pour certains, ces hauts et ces bas sont très prononcés ; d'autres connaissent des écarts moins importants ; cependant, la plupart d'entre nous vivent des moments creux. Pour beaucoup, les premières heures de l'après-midi sont difficiles – quel que soit le menu du déjeuner. Certains jours, je dois lutter pour rester éveillé.

Si vous n'êtes pas sûr des moments de la journée où se situent vos hauts et vos bas, soyez-y attentif pendant quelques jours. À chaque heure qui passe, arrêtez-vous et notez votre niveau d'énergie. Vous pouvez pour cela utiliser une simple échelle de 1 à 10, le 1 correspondant à « tout juste capable de respirer » et le 10 indiquant une bombe d'énergie et de vitalité.

Cet exercice peut-être plus difficile qu'il n'y paraît. Si vous devez avancer en fonction de différents rythmes (les enfants, les employeurs, les délais), vous êtes probablement très habitué à ne pas tenir compte des messages de faim ou de fatigue que vous envoie votre corps. Vous mangez et vous reposez quand votre emploi du temps le permet, et non pas quand vous en avez besoin.

Faites le test du « quatrième jour de vacances ». Lorsque vous partez en vacances, les premiers jours, vous fonctionnerez toujours selon votre emploi du temps de travail ou de vie au foyer. Cependant, la plupart du temps, le quatrième jour, vous commencez à prendre un rythme plus naturel. À quel moment ressentez-vous le besoin de vous lever et d'aller vous coucher ? De combien d'heures de sommeil avez-vous besoin ? Faites-vous une sieste après le déjeuner ? Est-ce que le besoin de déjeuner vous vient à dix heures du matin ou à quatorze heures trente plutôt qu'à « l'heure du déjeuner » ? Vous surprenez-vous à manger cinq ou six petits repas au lieu de trois gros repas ? À quoi ressemble, pour vous, la journée idéale ?

Une fois que vous avez repéré vos rythmes, réfléchissez à la façon dont vous pouvez les adapter le mieux possible au monde « réel » du foyer et du travail. Par exemple, vous pourriez :

- ✓ Planifier lors des sommets de votre journée les tâches qui requièrent toute votre énergie mentale ;
- ✓ Trouver le moyen de prendre quinze ou vingt minutes de repos au moment où vous en avez le plus besoin ;

✓ Faire l'impasse sur Laurent Ruquier ou Mélissa Theuriau et aller vous coucher plus tôt ;

✓ Prévoir des repas plus en accord avec vos besoins corporels.

Prenez dix minutes et jetez sur le papier tous les ajustements qui nous viennent à l'esprit, dressant ainsi la « liste des moyens de donner du répit à mon corps ».

Liste des moyens de donner du répit à mon corps

....

....

....

....

....

....

....

....

....

....

Cette semaine, concentrez-vous sur un article de votre liste et voyez si vous pouvez commencer à l'intégrer dans votre vie. Tenez-vous y pendant trois semaines consécutives avant de décider si cela vous est bénéfique.

Mettez en pratique ces éléments un par un et, en l'espace d'une année, vous vous sentirez peut-être en bien meilleure santé, plus heureux et plus productif.

Chapitre 15

Dégager du temps

Le principe de substitution de la gestion du temps

Vous aviez promis de sortir la famille samedi. De fait, vous en aviez hâte. Mais des coups de téléphone et une réunion de dernière minute vendredi vous ont empêché de terminer la présentation que vous devez donner lundi. Vous vous trouvez pris dans le dilemme classique famille-travail : passer la journée avec votre famille comme vous le souhaitez, ou préparer votre présentation, comme vous sentez le devoir.

Quel que soit votre choix, vous êtes perdant.

Une gestion du temps avisée au cours de la semaine aurait pu vous éviter ce problème. Si vous étiez resté libre par rapport au téléphone et aux e-mails, et aviez éliminé ou botté en touche quelques-unes de ces tâches « urgentes mais non importantes », vous vous seriez donné un temps suffisant pour finir ce que vous aviez à faire en dépit des interruptions, ce qui vous aurait laissé tout le temps désiré pour votre famille.

Cette pensée ne vous aide pas dans la situation présente, mais la proposition énoncée dans les paragraphes suivants de ce chapitre peut vous être utile tout de suite.

Équilibrer la formule

Lorsque j'étudiais la chimie au lycée, notre professeur nous avait appris à équilibrer nos formules, ce qui consistait à rendre équivalentes celles placées de chaque côté du signe =. Dans un certain sens, c'est tout l'enjeu de la théorie de la substitution dans la gestion du temps. Si vous devez prendre six heures de votre week-end pour terminer votre présentation de lundi, il vous faut trouver six autres heures pour équilibrer l'équation. Faites un choix conscient : « Si je fais ceci, alors je ne fais pas cela. » N'essayez pas seulement d'aller plus vite et de faire tout tenir dans le temps imparti (ce qui consiste, fondamentalement, à espérer allonger le temps), et ne faites pas de choix par défaut : sinon, c'est la famille et le sommeil qui sont habituellement les grands perdants.

N'oubliez pas que vous ne *trouverez* jamais du temps – que ce soit pour un pique-nique en famille ou pour quoi que ce soit d'autre. Vous allez devoir *dégager* ce temps en le prenant ailleurs, en échangeant une activité contre une autre.

Faites une liste de toutes vos possibilités, en recherchant en premier lieu comment vous pouvez faire à la fois le pique-nique et la présentation. Quelles sont les autres activités que vous aviez planifiées ou que vous êtes susceptible de commencer entre maintenant et la présentation de lundi ? Peut-être espériez-vous faire la grasse matinée samedi. Vous partez toujours pour une bonne marche à pied rapide avant le petit-déjeuner. Vous aimez beaucoup vous mesurer avec les mots croisés du week-end, répondre à vos mails et passer un peu de temps à surfer sur le net. Quelques-unes de vos émissions de télé préférées passent le samedi soir. Il y a la messe dimanche, bien sûr, suivie d'un brunch et de la lecture des journaux du week-end.

Y a-t-il ici une activité que vous pourriez facilement échanger contre la préparation de votre présentation ? Les mots croisés et la navigation sur le net sont des options, ni urgentes ni importantes ; elles peuvent donc facilement être éliminées. Il ne fait aucun doute que vous pouvez apprendre ce qu'il faut de votre journal du dimanche sans pour autant y passer le temps habituel. Pour trouver encore du temps, au lieu d'échanger le pique-nique contre la présentation, envisagez d'échanger la marche et les émissions de télé contre le pique-nique. Vous pouvez également prendre un peu de temps de chaque activité plutôt que d'en retirer une en entier.

Asseyez-vous en famille, expliquez le problème, et discutez de ces différentes options. Si, en famille, vous convenez d'un échange de temps acceptable, vous avez transformé une situation perdant-perdant en marché gagnant-gagnant.

En résumé : plusieurs façons de dégager du temps

En augmentant l'énergie et la concentration mentale

✓ Prenez quotidiennement de fréquentes mini-vacances

✓ Reposez-vous, faites de l'exercice et mangez correctement

✓ Respectez vos rythmes corporels

En vous organisant plus efficacement

Établissez des listes de choses à faire et d'autres moyens d'organiser votre emploi du temps… et servez-vous en.

- ✓ Éliminez la procrastination et réduisez le temps que vous prenez pour vous mettre en route
- ✓ Séparer le seulement important de l'urgent
- ✓ Suivez votre programme et apprenez à dire non
- ✓ Soyez le maître de vos outils technologiques
- ✓ Maîtrisez l'arrivée des informations
- ✓ Domptez le désordre
- ✓ Transformez les temps morts en temps productifs
- ✓ Faites de vos temps d'attente des temps de repos

Exercice

Comment pourriez-vous dégager du temps cette semaine ? Notez une activité qui ne fait pas partie de votre emploi du temps habituel et que vous devez faire cette semaine. Estimez le temps dont vous aurez besoin.

Activité	*Temps nécessaire*
....	....
....	....
....	....
....	....
....	....

Vous n'avez pas la possibilité de créer du temps supplémentaire, bien sûr. Vous allez devoir prendre ce temps sur autre chose. Mettez par écrit les sources de temps possibles, même si elles vous semblent farfelues.

Activité à échanger	*Gains de temps potentiels*
....	....
....	....
....	....
....	....
....	....
....	....

À présent, organisez votre échange. Que décidez-vous de ne pas faire afin de dégager suffisamment de temps pour l'activité que vous souhaitez ? Mettez à présent par écrit les termes du marché, c'est-à-dire quand, où, temps passé, temps gagné :

Nouvelle activité	*Activités que j'abandonne*
....	....
....	....
....	....
....	....
....	....
....	....
....	....

Comment cet échange affectera-t-il les autres ? Assurez-vous qu'ils consentent à faire le nécessaire pour que votre échange fonctionne. Voyez comment vous pouvez compenser le stress et l'inconfort occasionnés. Donnez à votre projet toutes les chances de réussir.

Après coup, évaluez votre réussite et écrivez toutes les conséquences inattendues, les avantages inespérés aussi bien que les problèmes que vous n'aviez pas anticipés.

....

....

....

....

....

....

....

Si cette méthode vous a réussi, continuez à consigner de cette façon vos échanges de temps. S'il vous est facile et naturel de faire des échanges sans ce travail écrit, c'est très bien. Rendez les choses aussi simples que possible. L'objectif de l'exercice est de prendre une décision consciente sur la façon précise dont vous allez dégager du temps supplémentaire afin de ne pas vous contenter de le soustraire par défaut à votre sommeil et à votre vie relationnelle.

Troisième partie

Sanctifier le jour du Seigneur

Chapitre 16

Les fondements scripturaires et doctrinaux du dimanche

« N'ayez pas peur de donner votre temps au Christ ! »
(Jean-Paul II dans *Dies Domini*, n° 7)

« *Tu te souviendras du jour du shabbat pour le sanctifier* [27]. »
(Ex 20, 8)

Dans sa Lettre apostolique de 1998 *Dies Domini : sur la sanctification du dimanche*, le pape Jean-Paul II appelle chaque dimanche une « petite Pâque » au cours de laquelle nous célébrons le Christ ressuscité, qui se fait notre nourriture.

« Je voudrais aujourd'hui vous inviter tous avec insistance à redécouvrir le dimanche, écrit-il. *N'ayez pas peur de donner votre temps au Christ !* Oui, ouvrons notre temps au Christ, pour qu'il puisse l'éclairer et l'orienter. C'est lui qui connaît le secret du temps comme celui de l'éternité, et il nous

27. Le terme « shabbat » sera ici gardé quand il s'agira précisément du repos biblique institué par Dieu pour son peuple Israël. Partout ailleurs, nous garderons les termes dimanche ou jour du Seigneur.

confie “son jour” comme un don toujours nouveau de son amour [28]. »

L’Église nous enseigne que la participation à la messe le dimanche est une opportunité aussi bien qu’une obligation. « Le temps donné au Christ n’est jamais un temps perdu, nous rappelle Jean-Paul II, mais plutôt un temps gagné pour l’humanisation profonde de nos relations et de notre vie [29]. »

Le dimanche est avant toute une célébration de la Pâque, illuminée par la gloire du Christ ressuscité. Les fondements bibliques de l’observance d’un jour de repos et de prière tous les sept jours remontent à la Genèse, où Dieu, *« au septième jour, chôma, après tout l’ouvrage qu’il avait fait »* (Gn 2, 2). Puis, il *« bénit le septième jour et le sanctifia »* (v. 3).

L’un des dix commandements que Moïse reçut sur le mont Sinaï nous prescrit : *« Tu te souviendras du jour du shabbat pour le sanctifier. »* (Ex 20, 8) *« Pendant six jours tu travailleras et tu feras tout ton ouvrage ; mais le septième jour est un shabbat pour le Seigneur ton Dieu. Tu ne feras aucun ouvrage* [30]. »

Le dimanche est le jour du repos. Il nous délivre du poids du travail et nous aide à reconnaître notre dépendance à Dieu. Beaucoup plus qu’une simple pause dans l’ouvrage quotidien, il est une célébration d’action de grâces et de louange offerte en la présence du Christ vivant. « Chaque dimanche, nous dit Jean-Paul II, est l’*anastasimos hêmera*, le jour de la résurrection [31]. »

---

28. DD n° 7.
29. *Ibid.*
30. Ex 20, 9-10.
31. DD n° 19.

Jésus a répandu son Esprit Saint sur ses disciples le dimanche de Pâques (Jn 20, 19-23), et un autre dimanche, cinquante jours après la Résurrection, il a envoyé le vent et le feu de la Pentecôte (Ac 2, 2-3). Pour cette raison, nous dit le Catéchisme de l'Église Catholique, « la célébration dominicale du Jour et de l'Eucharistie du Seigneur est au cœur de la vie de l'Église[32] ». Le dimanche, jour de Pâques de la semaine, nous révèle la signification du temps, en désignant le jour du retour du Christ.

Par la participation à la table de la Parole et à la table eucharistique, par la prière, les chants, les prédications et l'écoute, nous vivons une conversion continuelle, un renouvellement de nos promesses baptismales et de notre décision d'être fidèles à Dieu et d'obéir à ses commandements (cf. *Dies Domini* n° 39).

Nous prenons part au mystère de la kénose, la descente par laquelle le Christ *« s'humilia plus encore, obéissant jusquà la mort, et à la mort sur une croix ! »* (Ph 2, 8.) Nos simples vies de travail, de détente et de prière sont unies à la vie du Christ. Nous apportons à l'autel tous les fardeaux des six jours précédents.

Jean-Paul II souligne les bénéfices sociaux aussi bien qu'individuels du dimanche :

> « [...] il se reflète sur la société, irradiant des énergies de vie et des motifs d'espérance. Il est l'annonce que le temps, habité par Celui qui est ressuscité et qui est le Seigneur de l'Histoire, n'est pas le tombeau de nos illusions mais le berceau d'un avenir toujours nouveau, la possibilité qui nous est donnée de transformer les instants fugitifs de cette vie en semences d'éternité. [La communauté chrétienne] accompagne

32. CEC n° 2177.

et soutient l'espérance des hommes. Et de dimanche en dimanche, éclairée par le Christ, elle avance vers le dimanche sans fin de la Jérusalem céleste[33]. »

Le cœur de la célébration est bien sûr la réception du Corps et du Sang de Jésus. « L'Église recommande aux fidèles de communier lorsqu'ils participent à l'Eucharistie, pourvu qu'ils soient dans les dispositions voulues et, s'ils ont conscience de péchés graves, qu'ils aient reçu le pardon de Dieu dans le sacrement de la Réconciliation[34]. »

Dans les premiers temps de l'Église, il n'y avait pas de précepte de participation à la messe, cependant les fidèles y allaient parfois au risque de leur vie. Jean-Paul II rappelle à notre mémoire « l'héroïsme authentique [des] prêtres et fidèles [...] dans de nombreuses situations de dangers et de restrictions à la liberté religieuse[35] ».

Au cours de la persécution sanglante sous l'empereur romain Dioclétien qui débuta en l'an 303 de notre ère, et qui fut la dernière et la pire des vagues de persécution contre l'Église naissante, beaucoup de chrétiens ont défié le décret impérial. Ils étaient prêts à mourir plutôt que de manquer une eucharistie. Dioclétien avait été relativement libéral vis-à-vis des chrétiens, mais son subordonné, Galerius, le poussa à mener cette horrible persécution.

Quarante-neuf croyants d'Afrique du Nord, connus plus tard sous le nom de martyrs d'Abitina, ont affirmé que leur vie n'aurait aucun sens sans le Christ dans l'Eucharistie. On pense que tous sont morts en prison. Ailleurs, une ville entière fut rasée dans une tentative d'éteindre l'Esprit Saint.

---

33. DD n° 84.
34. DD n° 44.
35. DD n° 46.

Au IIIe siècle, le texte de la « Didascalie des Apôtres » enjoignait les chrétiens de « tout laisser le jour du Seigneur et vous rendre avec diligence à vos assemblées, parce que c'est là votre louange à Dieu ».

Dès le Concile d'Elvire, vers l'an 300 après J-C, et le Concile d'Agde en 506, l'Église commença à parler du « caractère obligatoire » de la messe. Le Code de Droit canon de 1917 fit de cette tradition une loi universelle. Le Catéchisme nous enseigne également que « les fidèles sont obligés de participer à l'Eucharistie les jours de précepte[36] ».

Vous sentez-vous obligé de participer à la messe chaque dimanche et jour de précepte ? Iriez-vous de toute façon, même si vous pensiez que ce n'était pas une obligation ? Vous arrive-t-il d'aller à la messe quand vous n'y êtes pas « obligé » ?

Dieu nous a fait le don de l'Eucharistie pour nous nourrir et nous donner des forces pour la route. La messe est une nourriture pour l'âme, aussi sûrement que les repas sont une nourriture pour le corps.

Le précepte de communion : le Corps mystique du Christ

Que penser de ce qu'on entend parfois : « Je peux prier Dieu aussi bien – voire mieux – en allant me promener dans les bois qu'en allant à la messe » ?

Je suis sûr que tous les prêtres et tous les catéchistes ont entendu cet argument de nombreuses fois : « Je suis tout à fait d'accord pour aimer Dieu, être bon et suivre

36. CEC n° 2181.

les commandements, mais pourquoi devrais-je aller à la messe ? » Et de conclure : « La nature est mon église. »

Une chose est vraie dans ce discours : nous pouvons certainement trouver Dieu dans la beauté riche et complexe de sa création. Dans combien de « cathédrales » formées d'un lac entouré de montagnes n'ai-je pas silencieusement rendu grâce à Dieu ! Ma femme et moi avons pu bénéficier de ces deux « églises » en même temps, en participant à des messes en pleine nature dans les bois ; une fois même, nous avions vue sur le confluent entre deux grands fleuves : le Mississippi et le Wisconsin.

Ceci ne remplace pas pour autant la messe dans une église avec l'assemblée des fidèles. Comme nous le rappelle Jean-Paul II, le baptême nous a sauvés non seulement en tant qu'individus mais également en tant que membres du Corps mystique, du peuple de Dieu. « Il est important », écrit-il dans *Dies Domini*, « qu'ils se réunissent pour exprimer pleinement l'identité même de l'Église, l'*ekklesía*, l'assemblée convoquée par le Seigneur ressuscité, Lui qui a offert sa vie *"afin de rassembler dans l'unité les enfants de Dieu dispersés"* (Jn 11, 52). Ils sont devenus "un" dans le Christ (cf. Ga 3, 28)[37]. » L'Eucharistie nourrit et façonne l'Église.

Notre communion avec le Christ à la messe est donc étroitement liée à notre communion avec nos frères et sœurs en Christ. « L'assemblée dominicale est un lieu privilégié d'unité : on y célèbre en effet le *sacramentum unitatis* qui caractérise profondément l'Église, peuple rassemblé "par" et "dans" l'unité du Père, du Fils et de l'Esprit Saint[38]. » À ce moment-là, nous sommes en communion avec l'Église

---

37. DD n° 31.
38. DD n° 36.

universelle de par le monde. Alors que nous célébrons ensemble le Seigneur ressuscité, nous avançons vers le Festin éternel de l'avènement du Royaume.

De même que nous sommes unis dans la réception de l'Eucharistie, nous le sommes également dans la proclamation publique de la Parole et dans l'affirmation communautaire de notre foi. Certaines personnes considèrent que prêcher dans une église est mauvais ou inutile : en effet, toutes les personnes présentes sont censées déjà croire à l'enseignement du Magistère et adoptent, pour ainsi dire, le même son de cloche. Cependant, comme le sait chacun des membres de cette assemblée, notre foi a besoin d'être constamment nourrie pour pouvoir s'approfondir et croître. Par notre présence à la messe, nous nous soutenons les uns les autres dans notre foi, en enrichissant la communauté de notre témoignage personnel.

Jean-Paul II accorde une telle importance à cette célébration commune qu'il nous encourage à nous réunir autour de la prière et de la Parole de Dieu même s'il n'y a pas de prêtre pour célébrer la messe.

Chapitre 17

Le jour du Seigneur, le dimanche est nourriture et régénération

Le dimanche est centré sur la célébration de la messe, mais il peut être beaucoup plus – ou beaucoup moins. Comme l'écrit Jean-Paul II : « Le jour du Seigneur est en effet bien vécu s'il est tout entier marqué par la mémoire reconnaissante et active des merveilles de Dieu. » « [L'Église] ne se contente pas de propositions minimalistes ou médiocres sur le plan de la foi[39]. »

Il nous revient de sanctifier le jour du Seigneur non seulement par la célébration et la prière mais également par des œuvres de miséricorde, de charité et de service, aussi bien que par l'abstention de notre travail habituel. C'est un grand commandement, qui représente beaucoup plus que simplement « donner une heure à Dieu » en allant à la messe.

Saint Jean Chrysostome écrivait : « À quoi sert-il que la table du Christ soit remplie de coupes d'or, alors que

39. DD n° 52.

lui-même meurt de faim[40] ? » Le dimanche est le jour où partager autour de nous l'abondance des bénédictions de Dieu et prolonger le miracle de la multiplication des pains, comme le suggère Jean-Paul II, en nourrissant les affamés. Bien sûr, ils peuvent avoir faim également les six autres jours de la semaine, mais l'engagement à partager la nourriture avec eux chaque jour découle de l'impulsion du dimanche. C'est le jour privilégié à visiter ceux qui sont isolés par la maladie, l'âge ou l'emprisonnement, où réconforter les affligés, où travailler pour la paix et la justice. En cela, nous avons l'exemple du Christ lui-même.

L'accomplissement du repos en Christ

Christ est venu sur terre, nous dit l'Évangile, non pas pour abolir la loi mais pour l'accomplir (cf. Mt 5, 17). Il nous a donné le vin nouveau de la Nouvelle Alliance, un vin qui, pour ne pas se répandre, doit être mis dans des outres neuves – et de nouveaux enseignements sur la Loi. Cependant, certains responsables religieux s'étaient fâchés contre Jésus pour ce qu'ils considéraient comme une profanation du shabbat.

Dans l'évangile de Matthieu, nous lisons que Jésus et ses disciples marchent à travers champs un jour de shabbat, et que les disciples arrachent les épis pour les manger. Voyant cela, quelques pharisiens s'adressent à Jésus : « *Voilà tes disciples qui font ce qu'il n'est pas permis de faire pendant le shabbat !* » (Mt 12, 2.) Jésus leur rappela que David, un jour, mangea « *les pains d'oblation, qu'il ne lui était pas permis de*

40. St JEAN CHRYSOSTOME, *Homélies sur l'Évangile de Matthieu*, 50, 3-4, cité dans DD n° 71.

manger, ni à ses compagnons » (Mt 12, 4). Quant aux prêtres, bien sûr, ils avaient le droit de « violer » le shabbat dans le Temple afin d'accomplir leurs devoirs sacerdotaux.

> « *Or, je vous le dis* », conclut Jésus, « *il y a ici plus grand que le Temple. Car le Fils de l'homme est maître du shabbat.* » (Mt 12, 6. 8)

Immédiatement après, dans le récit de Matthieu, Jésus guérit l'homme à la main sèche, commettant ainsi une autre violation de la Loi, en affirmant qu'« *il est permis de faire une bonne action le jour du shabbat* » (Mt 12, 12).

De la même manière, en Luc, nous voyons un lien étroit entre les guérisons et le shabbat. Jésus enseigne dans la synagogue un jour de shabbat lorsqu'il rencontre une femme rendue infirme par un démon depuis dix-huit ans. « *La voyant,* rapporte Luc, *Jésus l'interpella et lui dit : "Femme, te voilà délivrée de ton infirmité" ; puis il lui imposa les mains. Et, à l'instant même, elle se redressa, et elle glorifiait Dieu.* » (Lc 13, 12-13)

Imaginez-vous présent, témoin de ce miracle !

Le chef de la synagogue, cependant, était outré de ce que cette guérison ait eu lieu un jour de shabbat. Jésus lui tint tête et rappela aux personnes de l'assemblée qu'elles ne manquaient certainement pas d'aller mener leur bœuf ou leur âne à boire un jour de shabbat. « *Et cette fille d'Abraham* », arguait-il, « *que Satan a liée voici dix-huit ans, il n'eût pas fallu la délier de ce lien le jour du shabbat !* » (Lc 13, 16.)

Le récit de Luc fait état d'une autre guérison semblable, un jour où Jésus est invité à partager le repas du shabbat chez un chef des pharisiens. Arrive un homme hydropique, et Jésus demande aux docteurs de la loi et aux pharisiens s'il est permis, oui ou non, de guérir cet homme un jour de shabbat. Alors qu'ils restent silencieux, il va de l'avant et guérit l'homme.

Puis, il les met au défi :

« "Lequel d'entre vous, si son fils ou son bœuf vient à tomber dans un puits, ne l'en tirera aussitôt, le jour du shabbat ?" Et ils ne purent rien répondre à cela. » (Lc 14, 5-6)

Et que pouvaient-ils donc répondre ? « Oui, on peut violer le shabbat » ou bien « Non, vous ne devriez pas tirer votre enfant du puits » ?

Posez la question à ceux qui ont été guéris. Ils pourraient vous répondre que tous les jours sont bons pour que Jésus nous accorde sa grâce de guérison. Par conséquent, il est toujours temps pour nous de rejoindre nos frères et sœurs dans l'amour de Jésus. Même le jour du repos ?

Surtout le jour du repos.

Notre repos

La messe se termine par un envoi en mission : nous sommes chargés d'« aller dans la paix du Christ ». Nous sommes appelés à porter témoignage au monde, à être les ambassadeurs du Christ et des évangélisateurs par notre façon de vivre : *« Offrez vos personnes en hostie vivante, sainte, agréable à Dieu. »* (Rm 12, 1)

Ce que nous faisons le dimanche compte tout autant, et peut-être même plus, que ce que nous ne faisons pas. Cependant, ce que nous ne faisons pas compte également : il nous est demandé de ne pas travailler le jour du repos. Nous avons besoin de ce temps et de cet espace pour accorder plus d'attention à la création divine, dans l'attente des cieux nouveaux et de la terre nouvelle, et pour trouver la paix avec Dieu, avec nous-mêmes et avec les autres. Même nos bonnes œuvres, si elles sont exercées dans l'excès et la frénésie, peuvent nous arrêter sur notre chemin spirituel.

> « La précipitation et la pression de la vie moderne sont une forme, et peut-être la plus commune, de la violence innée. Se laisser entraîner par une multitude de préoccupations contradictoires, répondre à trop de demandes, s'engager dans trop de projets, vouloir aider tout le monde en tout, c'est succomber à cette violence ; plus encore : c'est coopérer avec elle. La frénésie de l'activiste neutralise son œuvre de paix. Elle détruit sa propre capacité intérieure à la paix. Elle anéantit la fécondité de son travail parce qu'elle tue à la racine la sagesse interne qui rend le travail fécond[41]. »

Le caractère strict de l'interdiction de travailler le jour du shabbat s'origine au cœur de la loi divine révélée dans Deutéronome 5, 12-14 :

> « *Observe le jour du shabbat pour le sanctifier, comme te l'a commandé le Seigneur ton Dieu. Pendant six jours tu travailleras et tu feras tout ton ouvrage, mais le septième jour est un shabbat pour le Seigneur ton Dieu. Tu n'y feras aucun ouvrage.* »

Ce n'est qu'au IVe siècle avant Jésus-Christ que l'empire romain reconnut le droit de ne pas travailler le jour du soleil. Jusqu'alors, la loi civile rendait difficile et même dangereuse l'observance du shabbat. Au XIXe siècle, le pape Léon XIII déclara que préserver le dimanche comme jour de repos était un droit du travailleur, et que l'État était moralement tenu de garantir ce droit.

---

41. Thomas Merton, *Réflexions d'un spectateur coupable*, Albin Michel, Paris, 1970.

Pour ceux qui sont obligés de travailler le dimanche (parmi eux, les pompiers et la police qui veillent à notre sécurité), l'Église reconnaît que l'observance d'un jour de repos pourrait avoir lieu un autre jour de la semaine.

Certaines lois aux États-Unis (les « blue laws ») ont interdit la vente d'alcool le dimanche et demandé à certains établissements de ne pas ouvrir ce jour-là. Beaucoup de gens ont considéré ces lois comme une violation du principe de séparation de l'Église et de l'État (mis en place au moins autant pour protéger l'Église de l'État que l'inverse), et ce genre de loi est aujourd'hui rare.

Beaucoup d'entre nous nous abstenons de nous rendre sur notre lieu de travail le dimanche, mais avons pris l'habitude d'emporter du travail avec nous pour le week-end, ou de trouver une multitude de choses à faire dans la maison ; sans compter le centre commercial qui nous fait toujours de l'œil. Notre culture ne nous aide pas beaucoup à renforcer la notion d'un repos sacré. Avec toutes ces attractions, distractions et obligations, il nous est difficile d'observer pleinement le jour du Seigneur et de le sanctifier. Il ne semble pas plus aisé de trouver du temps le dimanche que n'importe quel autre jour de la semaine.

C'est là qu'il nous est nécessaire d'appliquer, dans notre gestion du temps, la théorie de substitution. Nous ne trouverons jamais de temps pour la célébration commune, pour la prière et la méditation de l'Écriture, pour les réunions familiales ou amicales, ou pour les actes de charité. Nous ne « trouvons » pas de temps ; nous en « dégageons », en ne nous adonnant pas aux tâches qui nous occupent et nous préoccupent durant les six autres jours de la semaine.

Pour moi, dégager du temps n'était pas si difficile. Mon plus gros combat fut plutôt de m'abstenir de travailler.

Pendant la plus grande partie de ma vie, j'ai trouvé des justifications pour travailler le dimanche. Mon ouvrage consistait souvent à lire, corriger et noter des copies d'étudiants qui s'empilaient interminablement, et que j'avais sur les genoux pendant que la télévision diffusait devant moi un événement sportif. Il y avait toujours une pile de travail que je n'avais pas terminée le samedi soir.

Ce n'est que depuis ces dernières années que, pour respecter le dimanche, j'essaye de m'abstenir de tout travail. Pourquoi ce changement ? Je ne saurais le dire exactement. Je n'ai pas été frappé par la foudre ; je n'ai pas vu de buisson ardent. Je crois que toutes ces justifications que j'ai essayé de trouver pendant toutes ces années m'ont tout simplement fatigué, et j'ai pris un jour la décision de faire l'un de ces pas importants qui jalonnent notre vie spirituelle.

Au début, ce fut terrible. D'accord, je devais justifier le fait de travailler, mais le travail aussi me justifiait, me donnait une légitimité, une identité. Sans lui, je ne « gagnais » pas le droit de me reposer. J'ai essayé de lire pour le plaisir, mais c'était encore trop tôt : la lecture pour le plaisir était réservée à la fin d'une journée de travail. Alors, je ne tenais plus en place, et j'avais des démangeaisons. Le dimanche devint le jour le plus long de la semaine.

Peu à peu, les choses évoluèrent ; je trouvai un nouveau rythme, et pas seulement pour le dimanche. Aujourd'hui, j'ai hâte d'arriver à mon jour de repos, à ces moments où je peux savourer des temps de calme et m'autoriser vraiment à me détendre et à me laisser absorber par une occupation qui n'a rien à voir avec le travail. Ce changement s'est produit progressivement. Je mets du temps à apprendre. Mais aujourd'hui, garder le shabbat (c'est-à-dire respecter le jour du repos) de cette manière nouvelle et peut-être plus accomplie me semble naturel, et je reconnais ce jour comme un don de Dieu, ce qu'il est réellement.

Comme les autres commandements, le précepte divin de *« sanctifier le jour du shabbat »* est là pour nous aider à donner plus de plénitude à notre vie, à recevoir de Dieu plus d'abondance, afin que notre joie soit parfaite. Le repos n'est pas un fardeau : c'est un appui qui nous aide à prendre conscience que nous dépendons de Dieu afin de recevoir sa grâce salvatrice.

Loin de donner de mauvaise grâce un jour sur sept au Seigneur, ce doit être un sujet de joie, pour nous qui proclamons en pensée, en paroles et par actions la Nouvelle Création, l'Alliance nouvelle du Christ ressuscité.

> *« Si vous gardez mes commandements, vous demeurerez en mon amour, comme moi j'ai gardé les commandements de mon Père et je demeure en son amour. Je vous dis cela pour que ma joie soit en vous et que votre joie soit complète. Voici quel est mon commandement : vous aimer les uns les autres comme je vous ai aimés. »* (Jn 15, 10-12)

Exercice

Vous êtes en congé le samedi et le dimanche ; votre dimanche est-il différent de votre samedi ? Si ce n'est pas le cas, voudriez-vous qu'il en soit autrement ?

Si vous êtes éleveur laitier, ce qu'on appelle « jours de congé » n'existe pas pour vous ; vos vaches doivent être traites deux fois par jour, trois cent soixante-cinq jours par an. En cas d'empêchement, vous devez trouver quelqu'un pour vous remplacer.

La plupart d'entre nous avons des tâches d'« entretien courant » à accomplir chaque jour, y compris le dimanche.

Nous n'avons peut-être pas d'élevage, mais l'animal familier de la famille a toujours besoin d'être nourri, abreuvé et, peut-être, promené. Si vous mangez, il vous incombe de préparer ou d'acheter de la nourriture. Une fois que vous avez mangé, vous devez faire la vaisselle.

Étant donné la nécessité d'accomplir les tâches quotidiennes chaque jour, pouvez-vous dire que le dimanche est, malgré tout, un jour différent pour vous ? Si oui, listez les raisons pour lesquelles il est différent. Vous levez-vous plus tard ? Allez-vous à la messe ? Sortez-vous pour aller déjeuner ? Rendez-vous visite à votre famille ? Y a-t-il des activités que vous vous abstenez de faire parce que vous ne les faites « jamais le dimanche » ? Qu'est-ce qui, précisément, différencie à vos yeux le dimanche des six autres jours de la semaine ?

Le dimanche, je…

Vivez-vous cette journée comme vous voudriez ou comme vous devriez ? Si c'est le cas, là s'achève votre travail sur ce chapitre. Sinon, qu'aimeriez-vous ajouter ou retrancher de cette liste ?

Liste des changements que j'aimerais faire

....

....

....

....

....

....

....

....

....

....

....

....

....

....

Pendant la plus grande partie de ma vie d'adulte, le dimanche ressemblait beaucoup trop au samedi, avec en plus la messe, bien sûr, et davantage de journaux à lire. Je faisais souvent le jardinage que je n'avais pas terminé le samedi, je préparais ma semaine de travail à venir et poursuivais tous les projets d'écriture en cours. J'exerçais mon activité sept jours par semaine, dimanches inclus.

Peu à peu, le désir a grandi en moi de respecter plus pleinement le jour du repos. J'ai décidé de ne plus faire de jardinage, de ne plus préparer le travail de la semaine suivante, et même de ne plus écrire (un jour complet sans écrire !). Je résolus même de ne pas faire le dimanche mes exercices physiques de la semaine.

Au début, cela me rendait un peu fou. Je n'avais jamais vraiment appris à m'asseoir sans avoir une pile de travail sur les genoux. J'avais l'impression d'être une limace. Je m'inquiétais terriblement du travail qui n'était pas fait. Je ne pouvais pas me détendre.

Ceci a duré de nombreuses semaines, mais peu à peu, j'ai commencé à entrer dans un rythme différent, plus paisible. J'étais davantage présent au moment de la messe. Je méditais les lectures et lisais la Bible personnellement chez moi (en lisant deux ou trois pages chaque dimanche, j'ai lu la Bible depuis la Genèse jusqu'à Ézéchiel, avec en vue la fin de l'Ancien Testament.)

Aujourd'hui, deux ans plus tard, mon jour de repos est rempli de bénédictions que je n'aurais jamais imaginées. J'ai réussi à intégrer dans les autres jours de la semaine le travail que je ne fais plus le dimanche, et ceci sans problème majeur.

Mon nouveau dimanche a beaucoup amélioré également la qualité du lundi. Je me lève plus reposé et plus en forme, nourri spirituellement et prêt à commencer ma semaine.

Ma conclusion est celle-ci : de même que tous les autres commandements de Dieu, le précepte de « *sanctifier le jour du shabbat* » est une feuille de route qui nous permet d'élever notre vie, de vivre plus pleinement en Dieu, pour nous-mêmes, et pour ceux qui nous entourent.

Si vous souhaitez changer votre façon de vivre le dimanche, je vous encourage de tout mon cœur à essayer.

Chapitre 18

Plaidoyer pour la messe quotidienne

Ce n'est qu'après de longues semaines d'inconfort que le repos et la paix du jour du Seigneur me sont venus d'eux-mêmes. De la même manière, aller à la messe en semaine était au début pour moi un devoir, je le vivais souvent comme un sacrifice. Il aura fallu longtemps pour que cette pratique devienne une habitude, et encore beaucoup de temps pour que ce soit une joie. Aujourd'hui, j'ai hâte de me rendre à la messe quotidienne et elle me manque lorsque j'en suis privé.

J'ai commencé à y aller par désespoir. Ma famille traversait une grande turbulence, et certains jours je n'étais pas sûr qu'elle y survivrait. Je suis allé à la messe pour supplier Dieu de nous aider, et pour chercher le réconfort et la paix. Certains jours, je les trouvais ; d'autres fois, j'en sortais encore en plus mauvais état que je n'étais arrivé. Je persévérai cependant, je ne saurais pas vous dire exactement pourquoi – ce qui indique bien que l'Esprit était à l'œuvre.

Dieu a répondu à mes prières désespérées en dépassant mon attente. Aujourd'hui, je me rends à la messe avec dans le cœur des prières d'action de grâces et de louange. J'ose à peine demander plus que ce que Dieu m'a déjà donné.

Pendant de nombreuses années, je suis allé à la messe de midi à l'aumônerie catholique du campus juste à côté de mon bureau. Je ne disais jamais où j'allais, bien sûr, mais si un collègue me posait la question, je lui répondais franchement.

« Est-ce que tu y vas tous les jours ? me demanda l'un d'eux.

– Quand je peux, oui.

– Et pourquoi ? Je croyais que les catholiques ne devaient aller à la messe que le dimanche. »

C'est vrai, les dimanches et jours de précepte : la Nativité du Seigneur, l'Ascension, l'Assomption de la Vierge, la Toussaint.

Cependant, pour moi, les autres jours étaient devenus des « jours saints, l'occasion de rencontrer Jésus ». Manquer la messe revenait à sauter un repas, ou même à ne pas manger de la journée. Bien sûr, le repas du dimanche a quelque chose de plus, mais je mange aussi les six autres jours de la semaine.

Les aliments nourrissent mon corps physique ; si je ne les prends pas, j'ai faim et je deviens irascible. De la même façon, la Parole de Dieu, le Pain de Vie et la Coupe du Salut nourrissent mon esprit ; sans eux, je me sens vide et perdu. Prendre un repas en famille m'élève l'esprit et me met le cœur en joie ; il en est de même pour la table de notre Seigneur avec les autres croyants.

La Parole de Dieu m'élève, me guide, me reprend, m'inspire et m'informe, et ce de façon nouvelle à chaque fois que je l'entends. J'ai besoin que la Parole me guide et m'éclaire plus souvent que seulement le dimanche ; j'en ai probablement même plus besoin les jours de la semaine, alors que je me trouve au milieu des tentations et des distractions du monde.

En bref, la messe me nourrit sur mon chemin quotidien. Actuellement, ma femme et moi allons trois fois par semaine à la messe tôt le matin dans une paroisse voisine. À moins que le temps soit très mauvais, nous y allons à pied et croisons, à l'arrêt de bus en face de l'église, quelques personnes qui attendent pour se rendre à leur travail. En été, nous marchons dans la lumière pure de l'aube. En hiver, nous nous y rendons, à pied ou parfois en voiture, dans le noir, souvent sous la neige et dans le froid. D'une certaine façon, il est encore meilleur d'aller à la messe avant toute autre chose, avant d'avoir pris notre petit-déjeuner ou d'avoir travaillé, et pour moi, il est très important que nous vivions une célébration ensemble.

Je n'ai pas à expliquer à qui que ce soit pourquoi je vais à la messe, parce que les seules personnes que je rencontre à ce moment-là sont les membres d'une communauté de foi étonnamment grande qui se réunit à l'aube (ou avant l'aube, en hiver) pour célébrer. Je connais beaucoup d'entre eux par leur nom, et la plupart de vue ; avec tous, je me sens en famille.

Cela fait longtemps que j'ai arrêté de me demander si j'irai ou non à la messe en semaine – lutter et rationaliser consomme beaucoup d'énergie psychique. J'ai tout simplement adapté mon emploi du temps et ma façon de penser en dégageant du temps pour laisser place à cette nouvelle activité. La messe en semaine est devenue partie intégrante, normale et naturelle, de ma routine quotidienne. Est-ce difficile pour moi d'y aller ? Plus maintenant. Qu'est-ce que je perds quand j'y vais ? Je ne vois pas.

Je ne suis certainement pas en train de dire que vous « devriez » vous rendre à la messe en semaine. Je ne fais que la présenter comme une possibilité, en offrant mon témoignage personnel de cette merveilleuse expérience.

Conclusion

Vivre dans le temps de Dieu

Nous sommes appelés à vivre les dix commandements, et à ne pas leur substituer :

Les 10 pseudo-commandements

1. Tu seras efficace, productif et riche

Parcourez votre Bible dans tous les sens, vous n'y trouverez jamais de texte sur la gestion du temps ni sur le contrôle de qualité ; pas plus que vous n'y verrez quelque mention que ce soit sur le moyen de gagner des millions en investissant dans l'immobilier tout en restant chez vous.

En fait, malgré tous ses « Évangile selon… », la Parole de Dieu reste un mauvais manuel de gestion d'entreprise – à moins que votre première entreprise ne soit de chercher à vivre la volonté de Dieu sur vous.

« Aimant le Seigneur ton Dieu et suivant toujours ses voies. » (Dt 19, 9)

La Bible ne nous dit rien sur le fait de « ne pas travailler plus mais travailler mieux », appliquer une tolérance zéro, se faire des marges ou remporter une OPA.

Ceci nous conduit au pseudo-commandement n° 2 :

2. Tu optimiseras les profits

Pas selon l'Homme de Galilée. Jésus a demandé au jeune homme riche de vendre tous ses biens et de donner l'argent aux pauvres. Il a fait l'éloge de la veuve qui a donné de son nécessaire et non de son superflu. À quelqu'un qui nous prend notre tunique, il nous conseille de donner aussi notre manteau.

Consentir des prêts à des intérêts exorbitants semble être également assez fortement désapprouvé par la Bible.

> *« Montrez-vous fermes, inébranlables, toujours en progrès dans l'œuvre du Seigneur, sachant que votre labeur n'est pas vain dans le Seigneur. »* (1 Co 15, 58)

3. Tu donneras 110 % de tes efforts à celui qui signe ta fiche de paye

Sans parler de l'impossibilité mathématique d'atteindre 110 % de quelque chose, tout donner au travail ne laisse rien à la famille, aux amis, à la charité, à la célébration, à l'étude des Écritures ni à aucune autre entreprise à laquelle Dieu peut vous appeler.

Cela ne veut pas dire que vous ne devez pas travailler avec diligence, concentration et intégrité, en donnant, comme on dit : « une journée de travail pour une journée de salaire » et peut-être plus. Cependant, le travail ne doit pas être le premier but de votre vie, même si vous le justifiez en disant que c'est « pour la famille ». Souvenez-vous que la pénibilité qui accompagne le travail était, à l'origine, une punition. Avant l'incident de la pomme, Adam et Ève au Paradis n'avaient pas à utiliser de pointeuse.

> *« L'œuvre de Dieu, c'est que vous croyiez en celui qu'il a envoyé. »* (Jn 6, 29)

4. Tu rempliras d'activité chaque instant qui t'est donné

Nous avons besoin de faire nôtres les paroles pleines de philosophie de Satchel Paige [42] qui un jour écrivait : « Parfois je m'assieds pour penser. Et parfois, je me fais que m'asseoir. »

« L'oisiveté est la mère de tous les vices » dit le vieux dicton. Comme tous nos adages favoris, il contient sans aucun doute une part de vérité. Il n'en reste pas moins que l'activité pour l'activité n'est pas un chemin de droiture.

Dans notre culture, être pris à ne rien faire est perçu comme un délit. Même les retraités, qui devraient pourtant avoir gagné le droit de s'asseoir un petit peu pour laisser aller leurs pensées, sont constamment pressés de sortir de leur inutilité et de FAIRE QUELQUE CHOSE !

La Bible, au contraire, nous presse de nous mettre à l'écart pour prier, ce qui, selon les critères de la société, est l'activité la plus proche de l'oisiveté qui se puisse trouver. La Bible nous invite également fortement à nous reposer, à nous mettre en silence afin de pouvoir entendre la petite voix discrète de Dieu, une fois évanoui le brouhaha constant de l'activisme.

Souvenez-vous de Marie, qui s'était assise au pied du Seigneur pendant que sa sœur, Marthe, faisait tout le travail. Le Maître dit que Marie avait choisi la meilleure part, et il déclara à la pauvre Marthe affairée qu'une seule chose était importante.

> *« Cherchez d'abord le Royaume de Dieu et sa justice, et tout cela vous sera donné par surcroît. »* (Mt 6, 33)

---

42. 1906-1982 : considéré comme l'un des plus grands joueurs de base-ball de l'histoire (N.d.T).

5. Tu travailleras en multitâche

Même l'activité constante n'est plus suffisante. Vous devez faire deux, trois ou même quatre choses en même temps – si vous voulez tourner en bourrique tout en ratant tout ce que vous essayez de mener à bien.

Deux mille ans avant que la science moderne ne vienne corroborer cette affirmation, un esclave romain appelé Publilius Syrus avait vu juste : « Faire deux choses à la fois, c'est n'en faire aucune. »

Les téléphones portables peuvent nous donner les cours de la bourse, les résultats sportifs et des films. Ils peuvent même prendre des photos. Pas étonnant que nous aimions tant les utiliser pendant que nous conduisons. Il est vrai que nous sommes quatre fois plus susceptibles d'avoir un accident si nous téléphonons en conduisant, mais de nos jours, au moins, nous pouvons avoir des photos de la collision.

Walter Kirn, dans l'édition Web du magazine *The Atlantic* de novembre 2007, parlait du « monstre du multitâche ». Ceux qui nous vendent les gadgets qui ont rendu le multitâche si séduisant nous ont donné, selon lui, « trois substituts inférieurs » à la liberté : l'efficacité, la commodité et la mobilité.

Au lieu de paix, nous obtenons la frénésie, qui ne se brise que par la fatigue.

« Nous sommes devenus », poursuit Kirn, « la Réserve fédérale de la veille, la Banque fédérale du surengagement, et la fluidité du système est maintenue grâce à l'adrénaline. » Pire encore, nous sommes à la fois les créanciers et les débiteurs, sans aucune liquidité pour payer les dettes que nous avons envers nous-mêmes.

« Où veux-tu aller aujourd'hui ? » nous demande de façon pressante notre style de vie surmenée. Ce à quoi

Kirn répond : « Maintenant que je fais la différence entre la vitesse, la commodité et la mobilité, ma réponse serait : ailleurs. Tout simplement ailleurs. En un lieu où je peux réfléchir. »

Dans le film *Dirty Harry* de Clint Eastwood, le personnage Callahan dit vrai lorsqu'il affirme : « Un homme doit connaître ses limites. » Peut-être sommes-nous bâtis pour n'accomplir qu'une seule chose à la fois.

> *« Restez toujours joyeux. Priez sans cesse. En toute condition soyez dans l'action de grâces. C'est la volonté de Dieu sur vous dans le Christ Jésus. »* (1 Th 5, 16-18)

6. Tu amasseras autant de richesses que possible

« Celui qui meurt avec le plus de jouets aura gagné. »

Nous ne le formulons peut-être pas aussi maladroitement, mais à certains moments, nous agissons certainement comme si c'était notre Credo. Souscrivons-nous réellement à une philosophie si clairement en porte-à-faux avec l'enseignement de la Bible et de l'Église ?

En affaires, nous travaillons pour « optimiser les profits » en fixant des prix aussi élevés que le permet le marché tout en maintenant des salaires aussi bas que possible. Nous avons mis en place une industrie mondiale massive dont le seul but est de gérer notre richesse, non seulement pour la protéger des menaces extérieures mais également pour la faire croître.

Nous agissons ainsi au nom de bons principes tels que subvenir à notre famille, être prudent, assurer notre retraite – rien que de nobles objectifs, bien sûr. Mais si nous réussissons, la question se posera à un moment ou un autre : à partir de combien considérons-nous que c'est « suffisant » ?

Amasser et gérer des richesses doit-il être vraiment ma première priorité et mon premier objectif dans la vie ?

Nous sommes bien loin de l'admonition de Jésus au jeune homme riche : *« Vends tout ce que tu as, donne-le aux pauvres »* (Mt 19, 21), un passage de l'Écriture qui met très mal à l'aise toutes les personnes que je connais, y compris moi.

> *« Fiez-vous à lui, peuple, en tout temps, devant lui épanchez votre cœur. »* (Ps 62, 9)

7. Tu t'avanceras devant l'autel des fibres…

… et offriras des sacrifices de soja, en t'abstenant de tout hydrate de carbone, aliment impur.

En réalité, je suis un adhérent occasionnel au mode de vie « plus de fibres/moins de graisses ». Ma femme élabore nos menus en fonction du régime « quinquina - prunes ». Dans la mesure où tous les médecins spécialistes semblent suivre la même ligne, je pense qu'il est sage de les écouter.

Mais si nous n'y prêtons pas attention, les régimes particuliers et ceux que nous nous imposons à nous-mêmes peuvent devenir des cadeaux empoisonnés, nous poussant à nous appuyer sur notre propre sagesse et nos propres œuvres pour gagner un salut de pacotille (à défaut de vie éternelle, une vie plus longue sur terre). Nous pouvons nous mettre à juger les « non-croyants » aussi impitoyablement que des membres d'une dénomination religieuse, d'une secte ou d'un culte peuvent juger les infidèles.

Ce n'est pas ce que nous mangeons qui nous sanctifie. Seul Dieu peut nous sanctifier. Jésus disait :

> *« "Rien de ce qui pénètre du dehors dans l'homme ne peut le souiller, parce que cela ne pénètre pas dans le cœur, mais dans le*

ventre, puis s'en va aux lieux d'aisance." Ainsi il déclarait purs tous les aliments. Il disait : "Ce qui sort de l'homme, voilà ce qui souille l'homme." » (Mc 7, 19-20)

8. Tu feras toute chose avec modération…

« … y compris la modération elle-même » ajouterait le plaisantin.

Au IXe siècle avant Jésus-Christ, l'historien Hésiode écrivait : « Observe la juste mesure, la modération est ce qu'il y a de meilleur pour toute chose. » Le dramaturge Euripide dans *Médée* (environ 431 av. J-C), appelait la modération « le don du ciel le plus noble ». Platon lui-même nous conseillait de « rechercher et pratiquer la modération ». (*Gorgias*, environ 375 av. J-C)

Notre culture a fait sienne ce concept – du moins le proclame-t-elle. Lors d'un discours au Cow Palace de San Francisco en 1964, le candidat à la présidence Barry Goldwater a prononcé ces paroles immortelles : « Ce n'est pas un vice d'être extrémiste dans la défense de la liberté. Ce n'est pas une vertu d'être modéré dans la poursuite de la justice. » Probablement aurait-il de toute façon perdu l'élection face à Lindon Johnson, cependant ces paroles ainsi que la véhémence avec laquelle il les a prononcées ont été largement considérées comme une preuve de son incapacité à être président ; elles ont même jeté la suspicion sur son équilibre mental.

Néanmoins, le Christ n'a-t-il pas prêché l'Évangile d'un total engagement à la volonté de Dieu ?

Le commandement de pratiquer la modération en toutes choses n'apparaît jamais dans la Bible. C'est l'un de ces préceptes faussement « scripturaires » dont beaucoup d'entre nous sont sûrs qu'ils existent quelque part, jusqu'au jour où nous essayons de trouver réellement où. En différents endroits, la Bible conseille la tempérance (cf. Co 9, 25) qui est un concept plus limitatif.

Il nous revient pourtant d'aimer le Seigneur notre Dieu de tout notre cœur, de toute notre âme, de tout notre esprit, en ne retenant rien pour nous-mêmes.

9. Tu ne céderas jamais un pouce de terrain

« Gagner, ce n'est pas tout. C'est l'unique chose. »

Cette pensée profonde a été attribuée à tort, et ce depuis des décennies, à Vince Lombardi (surnommé « saint Vincent » dans le Wisconsin), l'ancien entraîneur de l'équipe de football américain des Green Bay Packers. David Maraniss, dans l'édition définitive de sa biographie de Lombardi[43], écrivait que cette phrase avait d'abord été prononcée par Red Sanders, le responsable des entraîneurs de l'UCLA.

Peu importe qui l'a dite : cette parole n'a pas beaucoup de sens. En revanche, l'idée qu'elle exprime est claire : gagner, c'est tout ce qui importe. Ce qui compte, ce n'est pas la façon dont vous allez jouer, c'est le fait de gagner ou de perdre – ou peut-être plutôt, de nos jours, de savoir combien vous êtes payé si vous jouez.

Mon père m'a enseigné exactement le contraire : que le travail d'équipe, l'esprit sportif et la capacité à perdre de bonne grâce – toutes ces vertus dont nous prétendons si souvent que le sport a développées en nous – étaient beaucoup plus importantes que le fait de gagner. Non pas

---

43. David MARANISS, *When Pride Still Mattered*, éd. Touchstone, New York, 2000.

que mon père n'aimât pas la compétition : il jouait toujours pour gagner. Néanmoins, ses priorités étaient claires.

« Montrez-moi quelqu'un qui sait perdre de bonne grâce », dit le cynique, « et je vous montrerai un perdant. » Notre culture nous encourage à nous montrer sans pitié dans la poursuite de nos objectifs, souvent égoïstes. Elle nous apprend à « nous lever pour défendre nos droits », à nous mettre en avant, et à « ne jamais céder un pouce de terrain » pour reprendre la devise de la famille Stamper dans le grand roman de Ken Kesey *Sometimes a Great Notion* [44].

Nul n'a mieux formulé cette philosophie que le bandit mourant John Bernard Books incarné par John Wayne dans le film *Le dernier des géants* : « Personne ne me fera de tort, personne ne m'insultera, et personne ne mettra la main sur moi. »

Toute mon enfance, j'ai regardé ce genre de films. Cette réplique, et l'homme qui l'a prononcée (alors qu'il savait qu'il était en train de mourir) m'émeuvent encore aujourd'hui.

Mais j'ai également grandi en voulant ressembler à Jésus, et j'ai beau essayer, je n'arrive pas à imaginer Jésus répondre ainsi à Judas lorsqu'il le trahit par un baiser et que les soldats l'emmènent pour qu'il soit torturé et crucifié.

Par la parole et par l'exemple, Jésus incarne un différent type de courage. Il a vécu en conformité avec ce qu'il croyait, c'est-à-dire que nous n'avons rien à craindre de ceux qui peuvent tuer le corps mais ne peuvent pas tuer l'âme (cf. Mt 10, 28).

J'ai essayé de concilier ma compréhension vacillante de Jésus avec ce que j'avais intériorisé de l'éthique du cow-boy

---

44. Adapté au cinéma par Paul Newman sous le titre de « Le clan des irréductibles » (1963) (N.d.T.).

joué par John Wayne, mais cela ne collait pas bien. Il me fallait choisir, et j'ai essayé de tout miser sur Jésus et sur sa forme supérieure de courage. Au lieu de la loi du Far-West, j'essaie de vivre selon la loi de l'amour.

10. Tu poursuivras ta propre béatitude

« Je veux tout ! » tonne une publicité qui passe actuellement à la radio et à la télévision. « Et je le veux maintenant ! »

Ceux qui prêchent cette doctrine essayent en général de nous vendre un produit censé nous rendre heureux – le bonheur total donné par une marque, une boîte, une mode à suivre.

Ce peut être un style de vie, une philosophie politique ou un mouvement plutôt qu'un bien, mais la promesse implicite est toujours la même : faites, achetez ou croyez telle chose, et vous serez heureux. Si vous le voulez, si votre cœur languit pour cela, alors allez-y. Vous ne pouvez pas vous l'offrir ? Achetez-le à crédit. Vous n'avez pas à vous en inquiéter – jusqu'à ce qu'arrive la facture.

Cependant, la télé à écran plat, la grande maison, la nouvelle voiture, la carrière professionnelle – rien de tout cela n'apporte la paix. Ce n'est pas Dieu. Seul Dieu est Dieu. Il n'y en a pas d'autre. Nous cherchons Dieu à travers l'Écriture, la prière, l'Eucharistie et le don généreux et joyeux de notre personne aux autres, et non pas par l'acquisition et la dépense.

Tout « commandement » qui nous enjoindrait de faire autrement, même s'il nous lie ou s'il est répété souvent, est un mensonge.

Dieu a semé très profondément nous sa Loi dont nous savons, quand nous l'entendons, qu'elle est vraie.

Poursuivre cette vérité nous apportera la paix qui surpasse toute intelligence et nous conduit à la parfaite union avec Dieu.

La règle de fer-blanc

« Aide-toi, le Ciel t'aidera. »

Voilà probablement le « verset » le plus cité qui n'apparaît jamais dans la Bible.

Allez-y, cherchez-le. J'attends.

Vous ne le trouverez pas dans les écrits de l'apôtre Paul. Il a prêché la doctrine opposée :

> *« C'est en effet alors que nous étions sans force, c'est alors, au temps fixé, que le Christ est mort pour des impies. »* (Rm 5, 6)

Le Christ nous a « aidés » en mourant pour nous sauver, précisément parce que nous n'étions pas capables de nous sauver nous-mêmes. Nous vivons, respirons et tenons notre existence de Dieu. Notre conception, notre naissance et la continuation de notre existence à chaque minute dépendent de lui.

Avez-vous abandonné votre recherche de la phrase « Aide-toi, le Ciel t'aidera » ? Allez voir du côté du *Poor Richard's Almanach* [45] publié en 1757 par Benjamin Franklin. Il l'a lui-même tirée des *Fables* d'Esope.

En adoptant quelques techniques de gestion de notre temps, c'est-à-dire de notre vie, nous pouvons libérer du

45. Traduit en français, selon les éditions, par « L'Almanach du pauvre Richard », « L'Almanach du bonhomme Richard » ou encore : « La science du bonhomme Richard » (N.d.T.).

temps et de l'énergie pour aimer plus pleinement et servir plus joyeusement Dieu, notre famille, nos amis et notre prochain.

La vie ne sera pas toujours facile. Regardez la vie du Sauveur. En effet, la facilité, le confort, comme la richesse et le prestige, sont de faux dieux. Si vous marchez avec Dieu, rappelez-vous que :

> « *Le Seigneur sans cesse te conduira, il te rassasiera dans les lieux arides, il donnera la vigueur à tes os, et tu seras comme un jardin arrosé, comme une source jaillissante dont les eaux ne tarissent pas.* » (Is 58, 11)

Et, selon un autre prophète de Dieu :

> « *On t'a fait savoir, homme, ce qui est bien, ce que le Seigneur réclame de toi : rien d'autre que d'accomplir la justice, d'aimer la bonté et de marcher humblement avec ton Dieu.* » (Mi 6, 8)

Exercice

« Aide-toi, le Ciel t'aidera. »

Vous ne trouverez jamais aucun de ces pseudo « commandements » dans la Bible, bien sûr. En fait, sous de nombreux aspects, ils contredisent l'enseignement du Christ qui nous conduit à la vie pleine et abondante que le Père aimerait nous offrir.

Suivez-vous l'un ou l'autre de ces « commandements » ? Y a-t-il d'autres fausses lois qui ont quelque pouvoir dans votre vie ? Dressez ici la liste de vos pseudo-commandements

Vos pseudo-commandements

....

....

....

....

....

....

Dieu a inscrit sa Loi, sa vérité, très profondément en chacun de nous. Chercher la vérité de Dieu nous apportera la paix qui surpasse toute intelligence et nous conduira à une union plus grande avec Lui dans le Royaume.

Je prie pour que vous réussissiez sur ce chemin.

Table des matières

Cet ouvrage a été imprimé
en avril 2011 par

FIRMIN-DIDOT

27650 Mesnil-sur-l'Estrée
N° d'impression : 104887
Dépôt légal : avril 2011

Imprimé en France

Composition et mise en pages réalisées par
LG Compo - 28200 - Châteaudun
Mars 2011